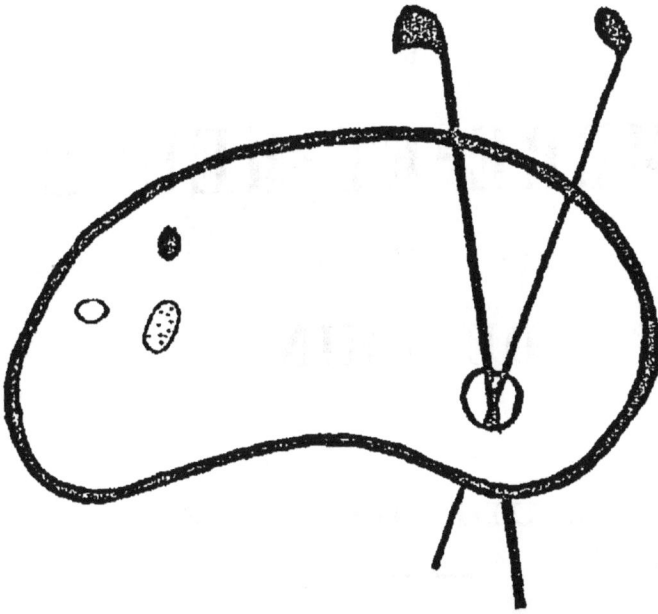

DEBUT D'UNE SERIE DE DOCUMENTS
EN COULEUR

LES ARMÉES

DE

SAMBRE-ET-MEUSE

ET

DU RHIN

PAR

CLAUDE DESPREZ

Avec cinq cartes

PARIS

LIBRAIRIE MILITAIRE DE L. BAUDOIN ET Cᵉ

LIBRAIRES-ÉDITEURS

Rue et Passage Dauphine, 30

1884

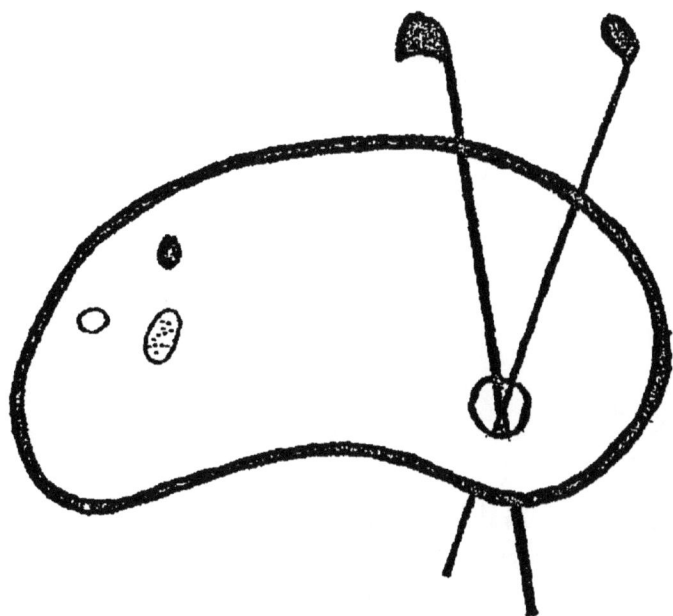

FIN D'UNE SERIE DE DOCUMENTS
EN COULEUR

LES ARMÉES

DE

SAMBRE-ET-MEUSE

ET

DU RHIN

PARIS — IMPRIMERIE L. BAUDOIN ET Cie, RUE CHRISTINE, 2.

LES ARMÉES

DE

SAMBRE-ET-MEUSE

ET

DU RHIN

PAR

CLAUDE DESPREZ

PARIS

LIBRAIRIE MILITAIRE DE L. BAUDOIN ET Cᵉ

LIBRAIRES-ÉDITEURS

SUCCESSEURS DE J. DUMAINE

Rue et Passage Dauphine, 30

—

1883

L'armée de Sambre-et-Meuse n'est pas des armées de la République celle qui a eu les succès les plus éclatants; mais c'est l'armée de Sambre-et-Meuse qui a ouvert la série de nos triomphes; c'est dans ses rangs que se sont formés la plupart des guerriers qui ont porté si loin notre drapeau et rendu si glorieux le nom de la France : il nous a semblé intéressant de raconter son histoire.

L'ARMÉE DE SAMBRE-ET-MEUSE

INTRODUCTION

CHAPITRE Ier

**Situation de la France à la fin de 1793.
Levée en masse. — Carnot.**

Au mois d'août 1793, la République allait périr. Lyon et Marseille s'étaient soulevés, Toulon se donnait aux Anglais, le feu de l'insurrection couvait dans tout le Midi, la Vendée était victorieuse, la Bretagne commençait à remuer, et, dans la Normandie, le fédéralisme abattu n'attendait qu'une occasion pour relever la tête.

Au dehors, les étrangers, chassés une première fois loin de nos frontières, y étaient revenus, et plus nombreux et plus forts ; l'Angleterre, la Hollande, la Prusse, l'Allemagne, l'Autriche, la Savoie, le roi de Naples, le

Pape, l'Espagne, se donnant la main, s'apprêtaient à nous étouffer.

Déjà le Roussillon et le Béarn étaient envahis ; Mayence avait capitulé, les lignes de Wissembourg étaient prises, Landau bloqué ; Valenciennes, Condé, le Quesnoy, s'étaient rendus ; Landrecies, Maubeuge, Dunkerque, étaient menacés ; encore une victoire, et le flot de l'invasion arrivait jusqu'à Paris.

La Convention jura de mourir ou de sauver la Révolution.

La grandeur du péril exigeait des mesures héroïques, elle les prit. Elle suspendit les lois, décréta le gouvernement révolutionnaire, et, au nom du salut de tous, s'attribua un pouvoir absolu sur les personnes et sur les choses. A sa voix, la nation tout entière dut se lever ; les hommes, depuis dix-huit ans jusqu'à soixante, marcheraient à la frontière ; les femmes travailleraient aux tentes et aux effets de campement ; les enfants prépareraient de la charpie, et les vieillards, assis sur les places publiques, enflammeraient, par leur parole, les défenseurs de la patrie.

Les arsenaux étaient vides, les armes manquaient. On réunit tous les ouvriers qui travaillent le fer, forgerons, serruriers, horlogers même ; on établit des ateliers dans les jardins publics, en pleine rue, et là, sous l'œil vigilant des sociétés populaires, des milliers de fusils et de canons furent en un instant fabriqués.

Il n'y avait plus de poudre ; on visita les caves de toutes les maisons et on lessiva la terre de celles qui contenaient du salpêtre.

Pour nourrir ces multitudes qu'on lançait sur l'ennemi, on fit des réquisitions; on en fit encore pour
transporter les approvisionnements aux armées; on ne
laissa que les chevaux nécessaires à la culture; le reste
fut enlevé pour remonter la cavalerie, traîner les canons,
les munitions et les bagages.

Jamais peuple n'offrit un spectacle aussi imposant que
celui de la France en 1793. Tout le pays n'était qu'un
vaste camp où chacun travaillait à la défense de l'indépendance nationale. Il est vrai que cet accord si beau
était commandé par la peur; la mort planait sur toutes
les têtes, et malheur à ceux dont le zèle eût paru se
ralentir !

Quoi qu'il en soit, un million de soldats s'avançaient
pour repousser l'ennemi; mais leur effort, si grand qu'il
fût, pouvait se perdre sans résultat; ces masses, en
frappant sans ensemble, pouvaient frapper sans effet; il
fallait un homme pour les diriger. Cet homme se rencontra.

Carnot, né au bourg de Nolay, en Bourgogne, était,
avant la Révolution, un officier distingué du génie.

Nommé à la Convention, il entra, le 1er août 1793, au
Comité de salut public; dès lors, il conduisit la guerre.
Il créa quatorze armées, les pourvut du matériel nécessaire, et leur traça des plans qui, dans la campagne
suivante, les portèrent sur le Rhin, à la crête des Alpes,
par delà les Pyrénées.

L'œil fixé sur les frontières, absorbé par la défense
du sol, Carnot n'avait pas vu couler autour de lui le
sang que ses féroces collègues répandaient par torrents;

1.

aussi, lorsque, après le 9 thermidor, la réaction pour-
suivit ceux des membres du Comité de salut public qui
n'avaient pas péri avec Robespierre, elle s'arrêta devant
l'homme qui avait *organisé la victoire.*

Au Directoire, Carnot fut encore chargé de mener les
opérations militaires ; mais, soit que la part indirecte
qu'il avait prise à la Terreur l'eût effrayé, soit qu'il
jugeât le temps des mesures violentes passé, il devint
suspect à force de modération, et peu s'en fallut qu'en
fructidor, Barras, Rewbell et La Réveillère-Lepeaux ne
l'envoyassent expier ce crime dans les déserts de la
Guyane. La fuite le déroba à la proscription.

Rentré en France après le 18 brumaire, Carnot prépara, comme ministre de la guerre, les immortels
triomphes de Marengo et de Hohenlinden.

Cependant, chaque jour l'ambitieux consul à qui la
France avait remis ses destinées franchissait une des
barrières qui le séparaient du pouvoir souverain. Carnot
ne voulut pas être son complice ; il donna sa démission.

Au Tribunat, il vota contre le consulat à vie, contre
l'Empire, contre toutes les institutions qui lui semblaient
opposées aux principes de la Révolution, mais les lois
adoptées, il était le premier à s'y soumettre.

Lorsque le Tribunat eut été supprimé, quelque instance
qu'on lui fît pour le retenir, il rentra dans la vie privée.
Là, au milieu de sa famille, pauvre, mais tranquille, il
se livra à l'étude, et, par de savants travaux, d'utiles
découvertes, servit encore son pays.

Le temps des prospérités inouïes de l'Empire était
passé, les revers nous accablaient ; nos vieilles phalan-

ges avaient péri ensevelies sous les neiges de la Russie ;
nos jeunes conscrits, par des prodiges de courage,
avaient en vain prouvé à Lutzen, à Bautzen et à Dresde,
qu'ils étaient les fils des vainqueurs du monde ; l'Europe
que nous avions abattue et foulée se relevait ; elle accourait avec l'ardeur de la vengeance derrière les débris de
Leipsick, elle arrivait sur le Rhin, elle mettait le pied
sur le sol de la patrie ; Carnot quitta sa retraite.

« Sire, écrivit-il à l'Empereur le 24 janvier 1814,
aussi longtemps que le succès a couronné vos entreprises, je me suis abstenu d'offrir à Votre Majesté des
services que je n'ai pas cru lui être agréables. Aujour-
d'hui, Sire, que la mauvaise fortune met votre constance
à une grande épreuve, je ne balance plus à vous faire
l'offre des faibles moyens qui me restent. C'est peu, sans
doute, que l'offre d'un bras sexagénaire ; mais j'ai pensé
que l'exemple d'un soldat dont les sentiments patriotiques sont connus pourrait rallier à vos aigles beaucoup
de gens incertains sur le parti qu'ils doivent prendre,
et qui peuvent se laisser persuader que ce serait servir
leur pays que de les abandonner..... »

Napoléon confia à Carnot la plus importante de nos
places fortes, à cause de ses magasins, de ses arsenaux, de ses chantiers de construction ; celle que con-
voitaient le plus nos irréconciliables ennemis les Anglais, parce qu'ils la regardaient, avec raison, comme
une menace dirigée contre eux ; il lui confia la défense
d'Anvers.

Carnot s'y enferma. Ni l'emploi brutal de la force, ni
les séductions de l'adresse, n'ébranlèrent sa fermeté.

Seuls, les ordres de Louis XVIII, devenu roi de France, lui firent ouvrir aux alliés les portes de la ville.

Carnot, tout en l'admirant, ne pouvait aimer l'Empereur; mais lui, du moins, s'il avait renversé la République, avait maintenu et consolidé l'état social sorti de la Révolution. Les Bourbons, au contraire, ne tendaient qu'à le renverser. Aussi, lorsque Napoléon revint de l'île d'Elbe, Carnot alla à lui. D'ailleurs, la France était en danger, et jamais Carnot ne lui fit attendre ses services.

Il accepta les fonctions de ministre de l'intérieur, il se laissa même nommer *comte;* mais il eut beau ranimer le patriotisme, nous fûmes vaincus dans les champs de Waterloo, et, pour la seconde fois, l'Empereur abdiqua.

Quoique Napoléon eût été malheureux, c'était le seul général qui pût repousser l'ennemi. Carnot voulait qu'on se confiât à lui, qu'on prît les grandes mesures de salut public, on ne l'écouta pas. Déjà Fouché entrait en marché pour vendre la France. Louis XVIII revint à Paris.

Conventionnel, régicide, ministre de l'*Usurpateur* pendant les Cent-Jours, c'était plus de titres qu'il n'en fallait à Carnot pour mériter la haine des Bourbons; il fut exilé. L'empereur Alexandre lui offrit le grade de lieutenant général dans ses armées. Carnot aimait trop la France pour s'exposer à tirer un jour l'épée contre elle; il refusa. Le 2 août 1823, mourut, à Magdebourg, cet homme que nous pouvons avec orgueil opposer aux plus grands citoyens de la Grèce ou de Rome.

CHAPITRE II

Formation de l'armée de Sambre-et-Meuse.
Ses chefs.

Les armées républicaines n'avaient pas tardé à sentir
l'influence de Carnot. Après une longue suite de revers,
qui les avait découragées, elles avaient repris l'offensive, et l'année n'était pas écoulée qu'elles avaient
gagné la bataille d'Hondschoote, fait lever le siège de
Dunkerque, enlevé les lignes de Wissembourg, débloqué
Landau, rejeté l'ennemi au delà du Rhin, remporté la
victoire de Wattignies et délivré Maubeuge.

Le reste de l'hiver avait été employé à se réorganiser,
à incorporer les bataillons de la nouvelle levée, à leur
donner de la consistance en les mêlant aux troupes
plus aguerries.

Dès les premiers jours du printemps, la campagne
de 1794, qui devait être si glorieuse pour nos armes,
avait commencé.

Depuis plusieurs mois, de la mer au Rhin, cinq cent
mille hommes se heurtaient sans résultat, lorsque
Carnot imagina de laisser un rideau devant les Prussiens campés sur le revers occidental des Vosges, et de
porter l'armée de la Moselle sur la Sambre pour la
réunir à l'armée des Ardennes et à la droite de l'armée

du Nord. Cent mille hommes, tombant sur l'aile gauche du prince de Cobourg, pendant que l'armée du Nord tiendrait le reste en échec, ne pouvaient manquer de l'accabler. Ce premier succès obtenu, si on poussait devant soi sur Namur, sur Liège, on couperait les communications de l'ennemi et on l'obligerait, sous peine d'une défaite totale, à abandonner en toute hâte nos provinces du nord, où la prise récente de Landrecies semblait plus que jamais l'avoir solidement établi.

L'armée destinée à opérer au confluent de la Sambre et de la Meuse prit le nom d'armée de Sambre-et-Meuse, qu'elle devait rendre immortel. Jourdan la commandait.

Soldat avant la Révolution, Jourdan avait fait la guerre, d'Amérique ; ses concitoyens le choisirent pour commander le 2e bataillon de la Haute-Vienne. C'était le temps des promotions rapides : Jourdan devint bien vite général. Il commandait le centre à la bataille d'Hondschoote, et c'est à ses bonnes dispositions que fut dû en grande partie le succès de la journée.

Carnot, qui cherchait des hommes, le distingua, et quand Maubeuge eut été cerné, c'est à lui qu'il confia le périlleux honneur de sauver la place. Jourdan aurait voulu se soustraire à la redoutable responsabilité qui allait peser sur lui, mais la mort frappait tout citoyen qui refusait une charge imposée par la République ; il fallut accepter. D'habiles manœuvres lui firent gagner la bataille de Wattignies ; les Autrichiens décampèrent.

Jourdan était passé au commandement de l'armée de la Moselle, lorsque les ordres du Comité de salut public le rappelèrent sur la Sambre.

Il allait y trouver des lieutenants dignes de lui.

C'était Kléber et Marceau qui arrivaient ensemble de la Vendée, où les mêmes périls, les mêmes triomphes, la même gloire, les avaient unis d'une indissoluble amitié.

C'était Championnet qui, après avoir porté les drapeaux de la République jusqu'aux frontières de la Bohême, devait les planter sur les murs de Naples; Championnet, qu'une mort prématurée devait enlever à une belle réputation militaire.

C'était Bernadotte, c'était Lefebvre, c'était Mortier, c'était Soult, ces noms que la victoire devait tant de fois répéter.

C'était l'intrépide Richepanse, qui, lui aussi, ne devait parcourir que la moitié de la carrière.

Enfin, c'était Ney, qui allait préluder à cette renommée de bravoure étonnante qui, aussi bien que ses malheurs, ont fait de lui la plus grande comme la plus touchante personnification du soldat français dans ces temps héroïques.

CAMPAGNE DE 1794

CHAPITRE Ier

Jourdan passe la Sambre. — Batailles de Charleroi et de Fleurus.

Jourdan arriva sur la Sambre le 3 juin. L'armée des Ardennes, jointe aux divisions qui composaient la droite de l'armée du Nord, venait d'éprouver de grands revers. Trois fois elles avaient voulu franchir la rivière, trois fois elles y avaient été culbutées avec perte.

Jourdan leur amenait un renfort de quarante mille hommes, qui les mit bien vite en état de reprendre l'offensive, et, dès le 12 juin, il répondait à l'impatience de Saint-Just, dont la volonté despotique, ne connaissant pas plus d'obstacles qu'elle ne souffrait de résistance, commandait la victoire sous peine de mort.

L'armée de Sambre-et-Meuse, forte de soixante-dix mille hommes, passa la Sambre et investit Charleroi; le prince d'Orange s'avança avec quarante mille hommes pour délivrer la place.

Les bords de la Sambre, boisés, hérissés de collines, coupés de ravins et de cours d'eau, offrent les plus grandes difficultés.

L'armée couvrait le siège et formait, en avant de Charleroi, un demi-cercle, dont les extrémités s'appuyaient à la Sambre.

La gauche, sous les ordres de Kléber, occupait les hauteurs de Courcelles. Elle avait son front défendu par le Piéton, ruisseau qui, après avoir coulé dans la direction du sud au nord, tourne et revient du nord au midi. S'il protégeait la ligne de bataille de Kléber, il pouvait aussi gêner sa retraite.

Morlot, Championnet, Lefebvre, étaient à Gosselies, Heppignies, Wagnée, Lambusart, avec des postes; sur la route de Frasnes, à Mellet, à Saint-Fiacre et à Fleurus.

La droite, commandée par Marceau, occupait les bois de Copiaux qui longent la Sambre au-dessous de Charleroi, et gardait Velaine, Banlet et Wansersée.

Une réserve de cavalerie avait été placée à Ransart; Hatry assiégeait la ville.

La ligne de Jourdan était trop étendue et, par suite, faible. Il le sentait, mais il ne pouvait la resserrer sans exposer ses communications avec la rive droite. Les deux ponts qui les assuraient étaient à Marchiennes et au Châtelet, derrière les ailes.

Jourdan, pour éviter les inconvénients de sa position défensive, résolut d'attaquer le premier; le 16 juin, malgré un épais brouillard, il mettait ses troupes en mouvement, lorsqu'il fut prévenu.

Le prince d'Orange avait formé cinq colonnes. Celle de droite, sous les ordres de Wartensleben, passa le Piéton et assaillit la gauche des Français. Kléber, après plusieurs charges fournies et reçues, la tourna par ses deux ailes et la rejeta au delà du ruisseau. Déjà il avait massé ses bataillons, déjà il s'apprêtait à poursuivre l'ennemi, mais la direction des feux, qui se rapprochaient de ses derrières, l'obligea à s'arrêter ; le centre des Français venait d'être forcé.

De ce côté, le combat se soutenait sans avantage marqué ni d'une part ni de l'autre, lorsque Beaulieu, qui formait la gauche des ennemis, joignant ses troupes à celles de Werneck, jeta cette masse sur Lambusart. Les soldats de Lefebvre commençaient à manquer de munitions ; effrayés, ils prirent la fuite et repassèrent la Sambre.

Appuyant à droite pour donner la main à Latour, Beaulieu marcha sur Ransart et se trouva sur le flanc et les derrières de Championnet, qui rétrograda en toute hâte.

Morlot contenait avec peine Quasdanowich ; il suivit le mouvement de son collègue. Tous deux vinrent prendre position en avant du bois de Jumel.

Jourdan était séparé de Marceau, resté sur les bords de la Sambre ; son flanc droit n'avait plus d'appui, il fit lever le siège et ordonna la retraite : elle se fit par le pont de Marchiennes ; Kléber la couvrit.

Marceau n'avait presque pas eu d'ennemis à combattre ; il se retira au-delà de la Sambre sans être inquiété.

La perte des Français fut d'environ trois mille hommes.

Le succès n'avait pas justifié les espérances de Saint-Just : il lui fallait des victimes. Il demandait ceux des officiers de Lefebvre qui n'avaient pas su retenir leurs troupes ; il voulait les envoyer au tribunal révolutionnaire, d'où ils ne seraient sortis que pour monter à l'échafaud. Jourdan ne parvint à le calmer qu'en lui promettant dans peu la victoire. Deux jours après sa défaite, il repassa la Sambre et reprit le siège de Charleroi.

Cobourg, resté avec le gros de ses forces à Tournay, devant Pichegru, comprit enfin le danger de laisser les Français menacer sa ligne de retraite ; il chargea le duc d'York de tenir tête à l'armée du Nord, et, faisant filer ses équipages sur Bruxelles, il se dirigea vers Nivelles. Là, il resta quelques jours à délibérer, quand tous les moments le pressaient d'agir.

Toutefois, cette hésitation fut sur le point de tourner à son avantage. Saint-Just, s'imaginant que les alliés, dont on n'avait pas de nouvelles, rassemblaient toutes leurs forces pour accabler l'armée du Nord, craignit pour Pichegru, son favori. Il voulait que Jourdan détachât quarante mille hommes de son armée et les lui envoyât. Jourdan eut le courage de refuser.

Cependant l'officier du génie Marescot poussait le siège de Charleroi avec vigueur. Le 25, il avait fait taire les batteries de la place, les colonnes d'assaut étaient prêtes, le gouverneur demanda à capituler. « Ce n'est pas un chiffon de papier que je demande, c'est la place, » répondit Saint-Just à l'officier qui apportait les propositions. Intimidé, le gouverneur se rendit à discrétion avec deux mille huit cents hommes.

Ils avaient à peine remis leurs armes, qu'on entendit, sur la gauche, gronder le canon. C'était Cobourg qui approchait ; il venait trop tard.

La division Hatry renforça l'armée, et tout se prépara pour la bataille du lendemain.

Les Français occupaient les mêmes positions qu'à la journée du 16, mais ils avaient eu le temps de les fortifier, en traçant des ouvrages sur tout leur front.

Kléber n'avait laissé qu'une division, celle de Montaigu, sur les hauteurs de Courcelles ; l'autre se tenait en seconde ligne sur le plateau de Jumel. La brigade Daurier gardait la Sambre au-dessus de Charleroi ; Hatry et la division de cavalerie formaient la réserve au centre.

Les deux armées étaient à peu près d'égale force. Cobourg partagea ses soixante-dix mille hommes en cinq corps qu'il morcela en neuf colonnes.

A l'extrême droite, le prince d'Orange enleva d'abord Fontaine-l'Évêque ; mais quand il voulut se porter sur Marchiennes, il rencontra la brigade Daurier qui lui opposa une résistance invincible Bientôt même, Daurier, renforcé d'une partie de la division Montaigu qui était venue se reformer derrière lui, chargea le prince d'Orange et l'obligea à battre en retraite.

Latour avait passé le Piéton et rejeté Montaigu dans le bois de Monceaux. Il en débouchait et canonnait Marchiennes, lorsque Kléber fit avancer sur les collines opposées la brigade Bernadotte et disposa des batteries qui firent taire le feu des Autrichiens. Duhem marcha par la droite, Bernadotte par la gauche, et Latour, vers quatre heures, repassa le Piéton.

Au centre, Morlot résistait difficilement à Quasdano-wich et reculait jusqu'à Gosselies.

Appuyé aux deux villages d'Heppignies et de Wagnée, le front couvert par une grande redoute qui battait la plaine, Championnet tenait Kaunitz en respect, quand tout à coup il apprend que Lefebvre se retire. Craignant d'être pris à revers, Championnet fait désarmer les ouvrages et commande un mouvement en arrière. Mais Jourdan accourt avec des renforts tirés de la gauche, ordonne de réoccuper les retranchements et de charger les Autrichiens. A la voix du général Dubois la cavalerie s'élance ; rien n'arrête son attaque impétueuse ; cinquante pièces de canon tombent en son pouvoir ; mais surprise par le prince de Lambesc avant d'avoir pu reformer ses rangs, elle est ramenée et perd l'artillerie dont elle s'est un moment emparée. Dès lors on se contente de se canonner jusqu'au soir. Vers huit heures, Kaunitz reçoit l'ordre de couvrir la retraite.

Lefebvre, en effet, avait été obligé d'abandonner Fleurus, occupé par son avant-garde, pour se porter au secours de la droite.

Les troupes de Marceau, débusquées de la Cense de Fays, de Wansersée, de Velaine, s'étaient dispersées en tirailleurs dans les bois à droite ; mais, tournées par le débouché de la Maison-Rouge, elles avaient rétrogradé. Leur retraite, précipitée par des charges de cavalerie, s'était changée en déroute. Toute l'aile gauche avait fui jusqu'à la Sambre qu'elle avait repassée à Pont-à-Loup.

Laissant courir ses soldats, Marceau, à la tête de quelques bataillons, se jeta derrière les haies et dans les jardins de Lambusart ; là, il se défendit avec acharnement.

Beaulieu, cependant, enleva Lambusart ; mais quand il en voulut déboucher, le feu violent de Marceau l'arrêta. Alors il essaya de tourner le village ; douze pièces de canon placées par Lefebvre couvrirent les Autrichiens de mitraille. Ils ne se découragèrent pas ; trois fois ils revinrent à la charge, trois fois ils furent repoussés.

Jourdan avait renforcé l'aile droite d'une partie de la division Hatry. Lefebvre forma les troupes en colonne, tourna les Autrichiens, les attaqua dans Lambusart et, enfin, les en chassa.

Beaulieu venait d'apprendre par ses coureurs que Charleroi était au pouvoir de l'ennemi, il se décida à la retraite.

Telle fut la bataille de Fleurus ; la perte était à peu près égale des deux côtés : quatre ou cinq mille hommes hors de combat.

CHAPITRE II

Conquête de la Belgique.

La victoire semblait n'avoir donné au vainqueur qu'un stérile champ de bataille ; mais elle devait avoir pour conséquence la conquête de toute la Belgique.

En effet, après quelques jours de repos que le manque de munitions les avait forcés de prendre, les Français n'eurent pas plus tôt vu leurs caissons remplis, qu'ils s'élancèrent à la poursuite de l'ennemi.

Le prince d'Orange couvrait Mons ; Kléber le culbuta et s'empara de la ville.

Les alliés essayèrent de tenir à Mont-Saint-Jean ; Lefebvre les rejeta dans la forêt de Soignes et entra à Bruxelles. Il y trouva les troupes de l'armée du Nord.

Pichegru, après le départ de Cobourg, n'avait plus eu devant lui que le duc d'York et Clairfayt. Sans beaucoup de peine, il les avait obligés à battre en retraite.

Laissant à Moreau le soin de s'emparer d'Ostende, de Nieuport et de l'Écluse, Pichegru avait incliné à droite, et il venait de se lier à l'armée de Sambre-et-Meuse.

Cobourg espérait se maintenir derrière la Dyle. Abordé vigoureusement, à Louvain, par Jourdan, et débusqué de la fameuse position dite de la Montagne de fer, il craignit de voir ses communications coupées et il repassa la Meuse à Maëstricht. De son côté, le duc d'York se retira sous Bois-le-Duc; il voulait couvrir la Hollande. Les alliés étaient désormais séparés.

L'armée de Sambre-et-Meuse suivit les Autrichiens. Elle s'empara de Namur et de Liège, elle borda la Meuse. Le Comité de salut public ordonna à Jourdan de s'y arrêter; il voulait, avant de pousser plus loin, reprendre les places dont les alliés s'étaient emparés dans la campagne précédente, et qu'ils occupaient encore.

Schérer, chargé de les réduire, somma Landrecies, qui ouvrit ses portes.

La Convention espéra qu'en intimidant les gouverneurs elle arriverait plus vite à les faire capituler; elle décréta que les garnisons qui ne se rendraient pas dans les vingt-quatre heures qui suivraient la sommation, seraient passées par les armes. C'était obliger des gens d'honneur à mourir sur la brèche. On l'objecta au Comité de salut public; mais, plutôt que de revenir sur ses pas, il eut recours à un subterfuge. Il permit de traiter avec les commandants qui n'auraient pas eu connaissance du décret.

Schérer poussa les sièges de Valenciennes, Condé, le Quesnoy, avec activité, et en peu de temps il s'en empara. Dès les premiers jours de septembre, il rejoignit l'armée, et Jourdan se prépara à franchir la Meuse.

CHAPITRE III

Batailles de l'Ourthe et de la Roër.

Cobourg s'était démis du commandement; Clairfayt le remplaçait. Les Autrichiens gardaient la Meuse depuis Ruremonde jusqu'à Liège; leur ligne fléchissait ensuite pour suivre le cours de l'Ourthe et de l'Ayvaille. Kray couvrait Maëstricht avec dix mille hommes; Clairfayt en avait établi vingt mille sur les collines de Robermont, en face de Liège; Latour occupait, avec vingt-huit mille autres, Sprimont, en arrière de l'Ayvaille.

C'est lui que Jourdan résolut de forcer pour faire tomber la ligne de défense.

Il chargea Kléber de faire à l'aile gauche de vives démonstrations et d'attirer ainsi les réserves de l'ennemi; pendant ce temps, Schérer, avec les trente mille hommes de la droite, marcherait contre Latour. Le centre se tint prêt à franchir la Meuse au premier signal.

Le 17 septembre, Kléber attaqua et Clairfayt courut au secours de son aile droite. Le 18, Schérer parut devant l'Ayvaille.

L'Ayvaille, petite rivière tortueuse, coule au pied de

hauteurs escarpées qui la dominent pendant plus de deux lieues. C'était la position qu'il fallait enlever.

Les Français se partagent en trois corps. Marceau, à gauche, marche sur Halleux; Mayer, au centre, se dirige sur le village d'Ayvaille, et Hacquin, à droite, attaque Sougné. Hacquin porte d'abord tout le poids du combat. Ses soldats, impatients, ont devancé l'heure convenue; mais quand, après avoir passé la rivière, gravi la colline, ils veulent déboucher, ils sont chargés, refoulés dans le défilé et sur le point d'être précipités dans l'Ayvaille.

Bastoul descend de cheval, se jette dans la rivière à la tête de sa brigade et escalade la hauteur.

Latour s'occupait de sa gauche; Mayer et Marceau en profitent; ils culbutent les avant-postes ennemis, traversent l'Ayvaille, forment leurs troupes en colonnes par bataillons et bientôt couronnent le plateau. En même temps la brigade Bonnet passe l'Ourthe un peu plus bas et s'avance par le défilé d'Éneux.

Attaqué de front, menacé sur ses ailes, Latour bat en retraite.

Schérer fait appuyer ses colonnes à gauche et se place entre Clairfayt et Latour, qu'il pousse sur Verviers.

Séparé de sa gauche, voyant trente mille hommes victorieux sur son flanc et presque sur sa ligne de retraite, Clairfayt lève son camp de Robermont, envoie à l'aile droite l'ordre de suivre son mouvement et se retire vers le Rhin.

Sans perdre de temps, les Français passent la Meuse et se mettent à sa poursuite; ils entrent derrière lui à

Verviers, à Limbourg, à Aix-la-Chapelle, mais ils le trouvent prêt à défendre la Roër.

Jourdan ne s'y attendait pas; il appelle à lui Kléber avec la moitié des troupes qu'il avait laissées devant Maëstricht, et fait ses préparatifs pour déposter Clairfayt.

La Roër, comme l'Ourthe, coule encaissée au milieu de hauteurs boisées. Les pluies l'avaient gonflée; on pouvait difficilement la passer à gué. De plus, la rive droite domine presque constamment la rive gauche.

Le centre des Autrichiens, établi sur le plateau en arrière d'Aldenhoven, s'appuyait à Juliers; la gauche occupait Dueren, et la droite s'étendait par Linnich et Rathem, vers Ruremonde. C'est encore contre la gauche de l'ennemi que Jourdan résolut de faire effort; Schérer, comme au passage de l'Ourthe, en fut chargé. En même temps qu'il traverserait la rivière à Dueren, Hatry le seconderait vers Altorp, le centre attaquerait Aldenhoven, Lefebvre s'emparerait de Linnich, et Kléber franchirait la Roër vers Rathem.

Le 2 octobre, à la pointe du jour, cent mille républicains s'avancèrent dans le plus bel ordre, massés en colonnes par brigades. Un brouillard épais, qui dura jusqu'à dix heures, retarda leur marche. Schérer, arrivé vers onze heures à la hauteur de Mérode, dispose ses attaques.

Hacquin se dirige par Creutzen; il est chargé de prendre Latour à revers.

Mayer s'avance sur Niedereau pour attaquer de front les Autrichiens, de concert avec Marceau.

Marceau partage ses troupes : il lance sur Dueren la brigade Lorges, tandis qu'avec l'autre brigade et sa cavalerie, il s'apprête à forcer le gué de Mirweiler.

Les deux colonnes de droite sont retardées, et Marceau se trouve seul aux prises avec tout le corps de Latour. Lorges s'empare de Dueren; mais quand il en veut déboucher, le canon des batteries et des redoutes, placées en arrière sur les hauteurs, l'accable; il est obligé de rentrer dans la ville.

Les Autrichiens s'avancent et essayent de tourner Dueren, Marceau les charge et les met en déroute.

Cependant Mayer a forcé le passage; mais, lui aussi, à peine en ligne, est couvert d'une grêle de boulets. Il se déploie et cherche à se relier par sa gauche à Marceau. Pendant plusieurs heures, les deux divisions attendent héroïquement, sous la mitraille, que la troisième ait achevé son mouvement.

Hacquin a rencontré toutes sortes d'obstacles; il en a triomphé, et, sortant des bois, il apparaît enfin vers le soir sur le flanc des Autrichiens. Latour bat en retraite.

A Aldenhoven, nos troupes n'avaient pas été moins heureuses. Championnet et Morlot avaient abordé vivement l'ennemi, l'avaient chassé du village, et, malgré un feu terrible, avaient gravi hardiment le plateau, pris les redoutes, et repoussé les Autrichiens au delà de la Roër.

Lefebvre s'était emparé de Linnich et avait rétabli le pont.

Kléber, de son côté, avait jeté quelques troupes vers Rathem, et, du bord opposé, les protégeait par un feu roulant d'artillerie.

2.

Les Français étaient exaltés par les succès de la
journée : ils se promettaient une victoire signalée pour
le lendemain. Ils employèrent toute la nuit à construire
des ponts, et, dès l'aube, ils se mirent en mouvement;
mais il n'y avait plus d'ennemis devant eux : Clairfayt
avait décampé.

La cavalerie se mit à sa poursuite; elle ne put
atteindre que l'arrière-garde et les bagages : le gros de
l'armée repassait le Rhin à Mülheim et à Cologne.

CHAPITRE IV

**Les Français sur le Rhin. — Conquête de la Hollande.
Paix de Bâle avec la Prusse et l'Espagne.**

Les batailles de l'Ourthe et le la Roër avaient coûté
à l'ennemi quinze mille hommes, beaucoup de canons,
de drapeaux, et des magasins immenses.

Ce n'étaient là que les premiers fruits de la victoire.
Cologne, Bonn, Coblentz, furent occupés par nos troupes, et Kléber retourna devant Maëstricht. Après quinze
jours de tranchée ouverte, le 4 novembre, le prince de
Hesse et ses huit mille hommes se rendirent.

L'armée de Sambre-et-Meuse, en rejetant Clairfayt
au delà du Rhin, avait percé le centre de la ligne
immense qu'occupaient les alliés depuis la mer jusqu'à
Bâle. Les ailes avaient été obligées de se replier, et les
armées de Rhin-et-Moselle et du Nord les avaient
suivies.

Bientôt il ne resta plus à l'ennemi, en deçà du Rhin,
que les deux seules places de Mayence et de Luxembourg.

Il semblait que nos troupes eussent assez fait pour
mériter du repos : le sort en décida autrement.

A peine entrait-on en quartiers d'hiver, que le froid

le plus rigoureux arrêta la Meuse et le Rhin, les gela, et offrit à nos soldats un passage qu'ils ne pouvaient espérer. L'armée du Nord en profita : elle marcha contre les Anglais, qui, ne trouvant plus d'abri, battirent en retraite sur le Hanovre. La Hollande, que ne défendaient plus ni ses fleuves, ni ses canaux, tomba en notre pouvoir, et nous entrâmes à Amsterdam.

La flotte hollandaise était à l'ancre à l'embouchure du Texel ; il y avait à craindre que les Anglais ne s'en emparassent : quelques escadrons de cavalerie, des batteries d'artillerie légère, lancés sur la glace, s'en rendirent maîtres.

Les triomphes de nos armées, la mésintelligence que les revers amènent toujours entre alliés, décidèrent le roi de Prusse à traiter.

A Bâle, Frédéric-Guillaume, dont les insolents manifestes promettaient d'étouffer la Révolution, reconnut la République. Peu après, une partie de l'Allemagne et l'Espagne suivirent son exemple. La France nouvelle commençait à s'imposer aux vieilles monarchies de l'Europe.

Honneur aux braves dont le courage fondait ainsi l'existence de la patrie ! Honneur aux braves qui assuraient à leur pays la gloire et la prospérité, quand leur pays, en échange de leur sang, pouvait à peine les nourrir ! Oui, ces admirables soldats, qui chassaient l'ennemi de nos frontières, qui le menaient tambour battant jusqu'au Rhin, n'avaient pas tous les jours de quoi manger. Les officiers, réduits à une solde de trois livres par mois, portaient le sac et donnaient l'exemple de la résignation. Qu'ils devaient être beaux ces hommes, dont plus d'un marchait sans souliers et n'avait pour couvrir ses nudités que des lambeaux de vêtements, ou même des tresses de paille ; qu'ils devaient être beaux quand, rangés en bataille sur les places d'Amsterdam, au milieu des palais, au sein de la plus riche cité, ils attendaient patiemment, sous une neige glaciale, qu'on leur distribuât des logements et du pain ! Ils avaient, dans les combats, glorieusement présenté leur nouveau drapeau à l'Europe ; maintenant ils le lui faisaient respecter par leur discipline. Encore une fois honneur à eux !

CAMPAGNE DE 1795

CHAPITRE Ier

Le Rhin.

Au Rhin ! au Rhin ! C'est à ce cri qu'en 1813 l'Allemagne se réveilla, qu'elle courut aux armes pour assaillir nos malheureux soldats décimés et à moitié vaincus par les glaces de la Russie, et qu'elle les rejeta loin de ses frontières, jusque sur notre sol.

Et nous, ne le pousserons-nous jamais ce cri ? Ne nous élancerons-nous plus pour reprendre ces limites que la nature nous a marquées, et sans lesquelles la France n'est pas complète ?

Une fois, en 1794, nous les avons saisies ; une fois, nous en avons pris possession solennellement, à la manière des Romains. Au bord des abîmes du grand fleuve, au travers des rochers qui l'encaissent, nous avons creusé une de ces chaussées destinées à vaincre le temps et à donner à des générations qui n'ont pas souffert des maux de la guerre, les prospérités de la paix. Le nom français est gravé tout le long du Rhin ; le Rhin porte l'empreinte de notre domination : le Rhin doit être à nous.

Le Rhin, ce roi des fleuves, descend des sommets neigeux des Alpes. Avec la turbulence de la jeunesse, il bondit de rochers en rochers, au milieu des gorges les plus sauvages de la Suisse, vient se noyer dans le lac de Constance, en sort pour aller se briser écumant sur les récifs et dans les gouffres de Schaffouse, et arrive encore frémissant dans la riche vallée que forment les Vosges et la Forêt-Noire. Là, il se calme, s'adoucit, enlace amoureusement de ses bras les belles îles boisées dont l'ombre se réfléchit dans ses eaux claires, et se présente majestueux et puissant devant Mayence.

Mais il lui reste encore une épreuve : les Vosges d'un côté, les montagnes du pays de Nassau de l'autre, s'avancent pour lui barrer le passage ; le fleuve ramasse toutes ses forces pour livrer ce dernier combat, et se fraye un lit étroit, mais profond, entre deux murailles de rochers. Il échappe enfin à cette prison aux environs de Bonn, reprend ses allures, et est large d'un quart de lieue devant Cologne et sous les murs de Dusseldorf.

En Hollande, le Rhin n'a plus rien de sa limpidité ni de son élan ; ses eaux jaunâtres, chargées de vase, semblent dormir. Quand il a perdu son caractère, le Rhin perd aussi son nom.

CHAPITRE II

L'armée de Sambre-et-Meuse passe le Rhin.

La révolution du 9 thermidor avait renversé Robespierre. La Convention vieillie ne montrait plus de force
que pour achever la défaite des Terroristes ou pour
résister aux assauts des factions. Le nouveau Comité de
salut public, ombre de l'ancien, sous peine d'être accusé
de relever la tyrannie que l'on venait d'abattre, n'aurait
osé prendre une de ces mesures énergiques, mais terri-
bles, qui avaient sauvé le pays. D'ailleurs, la France
était à bout. Les efforts surhumains qu'elle avait faits
l'avaient épuisée. Le crédit public était mort ; le trésor
à sec ; les assignats, cette ressource féconde des premiers temps de la Révolution, sans valeur.

Tous les ressorts étaient détendus ; l'anarchie avait
pénétré au sein du gouvernement ; à la place des minis-
tres qui, eussent-ils été incapables, du moins ramenaient
à un centre les fils de l'administration, on avait établi
des commissions.

Embarrassée d'une foule de rouages inutiles, la
machine ne fonctionnait plus.

Nos armées languissaient dans l'inaction ; Carnot
n'était plus là pour les diriger. Quoique la réaction l'eût

respecté, il avait été obligé de s'effacer quelque temps. Aubry et Letourneur de la Manche l'avaient remplacé. Ils n'avaient pas même su pourvoir les soldats des choses les plus nécessaires. La misère avait amené la désertion, et la désertion, que favorisait encore la mollesse du gouvernement à punir ceux qui abandonnaient leur drapeau, faisait des vides effrayants.

Depuis plus de huit mois, faute d'équipages de pont, les Français étaient devant le Rhin sans pouvoir le passer. Jourdan, avec l'armée de Sambre-et-Meuse, bordait le fleuve de Dusseldorf à Bingen ; Pichegru, qui avait quitté le commandement de l'armée du Nord pour prendre celui de l'armée de Rhin-et-Moselle, bloquait Mayence et gardait le Palatinat et l'Alsace.

En face d'eux, ils avaient Clairfayt et Wurmser.

Tant que Luxembourg avait résisté, nos armées avaient eu l'air d'en couvrir le siège. Mais Luxembourg avait capitulé au mois de juin, et, à moins de ne rien faire de toute la campagne, il fallait franchir le Rhin.

Le Comité de salut public pressait les généraux de l'entreprendre sans leur en fournir les moyens.

Jourdan tira des barques de la Hollande, en fit descendre par la Moselle et fut à peu près en état de passer le fleuve vers la fin du mois d'août.

Le 2 septembre, Hatry fit des démonstrations à Neuwied pour attirer de ce côté l'attention des Autrichiens. Le 8, à l'extrême gauche, Lefebvre, avec une partie de sa division, débarqua à Eichelcamp, près de Duisbourg. Ce territoire était gardé par les Prussiens, mais il appartenait à l'électeur palatin, dont les troupes faisaient encore partie de la coalition; on pouvait le regarder comme pays ennemi.

Lefebvre, remontant le Rhin par la rive droite, favorisa à Urdingen la construction d'un pont de bateaux sur lequel défila le reste de sa division, avec l'artillerie, la çavalerie et les troupes de Grenier et de Tilly.

En même temps Championnet s'emparait de la forte place de Dusseldorf. Legrand, avec deux bataillons d'élite, avait d'abord débarqué sur la rive droite ; Championnet avait lancé des bombes et des obus dans la ville et menacé de la bombarder. Le baron de Hompesch, gouverneur de Dusseldorf pour l'électeur palatin, l'avait rendue.

Le comte d'Erbach, qui commandait l'extrême droite des Autrichiens, voyait ses troupes débordées, en danger d'être coupées; il se replia en toute hâte sur le prince de Wurtemberg, et, ensemble, ils se retirèrent derrière la Sieg. Mais déjà les Français, renforcés de la division Morlot, qui avait passé le Rhin à Cologne, les y attaquaient, les poussaient sur Ukerath, sur Altenkirchen, sur la Lahn ; le général Wartensleben craignait d'être tourné, pris à dos ; il abandonnait le bassin de Neuwied pour se retirer par Montabauer, sur Nassau. Aussitôt on rétablissait le pont de Neuwied; les divisions Hatry, Bernadotte, Marceau, Poncet, traversaient le fleuve, et le 20 l'armée française bordait la Lahn, de Wetzlar à Nassau. Marceau bloquait Ehrenbreisten, et Collaud, avec la division Morlot, retournait garder le camp retranché de Dusseldorf.

Clairfayt était à son quartier général, près de Mayence,

quand il apprit le passage du Rhin. Sur-le-champ il rassembla ses troupes et, ne laissant sur le Necker qu'un faible corps sous les ordres de Quasdanowich, il courut sur la Lahn au secours de ses lieutenants.

Pichegru en profita. Avec trois divisions, il se porta devant Manheim, somma la place, menaça de la bombarder, de l'incendier, et, comme à Dusseldorf, le gouverneur palatin en ouvrit les portes. C'était le 20 septembre.

Si Pichegru eût tiré parti de cette faveur inespérée de la fortune, si, débouchant immédiatement de Manheim avec ses trois divisions, il eût couru à quelques lieues de là sur Heidelberg, et s'y fût solidement établi, on ne peut prévoir ce que seraient devenues les armées impériales ; dans tous les cas, elles auraient été dans un danger manifeste.

Le Rhin, pendant une grande partie de son cours, est côtoyé sur la rive droite par les montagnes boisées et impraticables de la Forêt-Noire. Deux grandes routes seulement les traversent et vont aboutir au Danube. Elles remontent, l'une la vallée du Necker, l'autre la vallée du Mein. Heidelberg, situé au pied des montagnes qui s'ouvrent pour laisser couler le Necker, est la clef de toute la vallée. De plus, c'est par Heidelberg que passe la grande chaussée du Rhin qui longe la Forêt-Noire.

Que Pichegru se fût porté en forces sur cette ville, qu'il l'eût occupée, les riches magasins de l'ennemi seraient tombés en son pouvoir, il aurait coupé toute communication entre l'armée de Wurmser qui s'étendait

jusque dans le Brisgau, et celle de Clairfayt; de plus, il
il se serait trouvé loin déjà sur les derrières de l'armée
autrichienne qui combattait sur la Lahn, l'aurait obligée
à battre en retraite par la vallée du Mein, beaucoup plus
longue que celle du Necker, et aurait pu la prévenir sur
le Danube ou se réunir à Jourdan pour l'assaillir de
front et de flanc, et l'accabler.

Clairfayt le sentit. A peine eut-il reçu la nouvelle de
l'étonnante reddition de Manheim, qu'il manda à Quasdanowich de tenir à Heidelberg jusqu'à la dernière
extrémité; il accourait pour le soutenir. En effet, il
abandonna la Lahn, repassa le Mein, et vint camper
avec le gros de ses forces à peu de distance de Heidelberg, à Heppenheim.

Pichegru ne sortit de Manheim que le 23, et seulement
avec une partie de ses forces, qu'il affaiblit encore en
les jetant des deux côtés du Necker. Des deux colonnes
qui remontaient le Necker par la rive droite, l'une fut
accablée et repoussée au delà de la rivière, l'autre ne se
maintint qu'avec peine. Par la rive gauche, les troupes
ne purent arriver jusqu'à Heidelberg.

Quasdanowich était en état de contenir les Français
et Wurmser approchait; Clairfayt retourna sur le
Mein.

Jourdan y était arrivé et, faute de pontons, il n'avait
pu passer la rivière. Francfort offrait un débouché commode; mais Francfort était gardé par les Prussiens, et
Jourdan n'osa prendre sur lui de violer, une seconde
fois, la neutralité en l'occupant. Il se contenta de border
le Mein et la Nidda, et de bloquer Mayence. Kléber, qui

connaissait la place pour l'avoir si vaillamment défendue en 1793, fut chargé de commander toutes les troupes d'investissement sur la rive droite et sur la rive gauche du Rhin.

Jourdan ne tarda pas à se trouver dans un grand embarras. Il s'était lancé en Allemagne sans magasins, sans vivres. La vallée du Mein est riche, mais depuis longtemps déjà les Autrichiens l'épuisaient ; les Français y étaient resserrés par le cordon de la neutralité prussienne, et Francfort, cette ville qui leur eût offert de si abondantes ressources, leur était fermée.

En proie aux privations, les soldats étaient mécontents, la discipline ne pouvait plus les maintenir, ils murmuraient, ils dénonçaient à la Convention leurs chefs comme les auteurs de leurs souffrances.

Pour sortir de cette position qui n'était plus tenable, Jourdan, à la conférence d'Ober-Ingelheim, voulait que Pichegru débouchât de Manheim avec toutes ses forces et attirât à lui l'ennemi. L'armée de Sambre-et-Meuse se porterait en avant et lui donnerait la main.

On décida qu'elle continuerait à couvrir le siège de Mayence.

Clairfayt, tranquille sur ses communications, reprit à son tour l'offensive ; il passa le Mein et parut sur les bords de la Nidda. Le 11 octobre sa droite la franchit ; les Français allaient être tournés. Jourdan n'avait que deux choses à faire : lever le siège de Mayence et marcher à l'ennemi avec toutes ses forces, ou bien battre en retraite. Il convoqua un conseil de guerre ; la retraite fut résolue. Kléber, avec la droite, se dirigea sur Neuwied, le centre vers Bonn, et la gauche regagna le camp retranché de Dusseldorf.

Le 18 octobre, Kléber arrivait sur les hauteurs de Neuwied, lorsqu'il vit le pont de bateaux en flammes.

Marceau avait reçu l'ordre de léver le siège d'Ehren-breistein et de détruire toutes les barques de la rive droite.

Au lieu de les couler à fond, il y avait fait mettre le feu. Quelques-unes de ces barques, entraînées par le courant, étaient venues s'accrocher au pont de Neuwied et l'avaient incendié.

Le pont rompu, si le corps d'armée était attaqué par des forces supérieures, il courait risque d'être culbuté dans le Rhin. Kléber, calme, impassible, donna des ordres pour réparer le pont et rangea ses troupes en bataille.

Heureusement, Clairfayt n'avait lancé à la poursuite des Français que de la cavalerie ; on n'eut pas de peine à la repousser. Le pont rétabli, les troupes défilèrent sans même se douter du danger qu'elles avaient couru.

Le jour où Kléber repassait le Rhin à Neuwied, Wurmser rejetait les faibles corps de Pichegru dans Manheim et se préparait à investir la place.

La campagne de l'armée du Nord, la conquête de la Hollande, avaient acquis à Pichegru une grande réputation ; mais ces succès, il les devait plus à la fortune qu'à ses talents. Faut-il attribuer les fautes qu'il commit devant Manheim, seulement à l'inhabileté, ou les mettre sur le compte de la trahison ? Déjà Pichegru était en relation avec les émigrés ; plus tard on en eut la preuve.

CHAPITRE III

Clairfayt débouche de Mayence. — L'armée de Sambre-et-Meuse marche sur la Nahe.

Jourdan avait à peine donné quelques jours de repos à ses troupes, qu'il fut obligé de courir au secours de Pichegru.

Depuis le commencement de l'année, les Français bloquaient Mayence sur la rive gauche. Quatre divisions, sous les ordres du général Schaal, y étaient employées; elles occupaient les hauteurs qui forment un demi-cercle en avant de la place. Une série d'ouvrages couvrait leur front.

En amont de la ville, entre les collines et le fleuve, s'étend une prairie. Les Français avaient négligé cette trouée; Clairfayt s'en aperçut.

Le 29 octobre, après une nuit orageuse, les Autrichiens sortirent de Mayence à six heures du matin et attaquèrent l'extrême droite des Français. En même temps ils faisaient des démonstrations à la gauche. Abordés de front, tournés par la prairie, inquiétés sur leurs derrières par des troupes que des bateaux y avaient portées, nos soldats plièrent.

Clairfayt, victorieux sur ce point, fit faire à ses colonnes une conversion sur la droite, lança sa cavalerie derrière les lignes, et, prenant à revers tous les ouvrages, les enleva.

Les Français perdirent trois mille hommes, tout leur matériel de siège, et d'immenses approvisionnements de guerre et de bouche rassemblés à grands frais.

Rejetées dans les montagnes, loin de leurs communications, trois de nos divisions auraient été gravement compromises si l'ennemi les eût poussées vivement; mais les Autrichiens ne se crurent pas assez forts pour s'éloigner de Mayence, et l'armée de siège se réunit à Pichegru, derrière la Pfrimm.

Clairfayt, après avoir attiré à lui de nouveaux bataillons, marcha contre l'armée de Rhin-et-Moselle, la rejeta sur Frankenthal, sur le Speyerbach, et jusque derrière la Queich : Manheim fut cerné.

Jourdan avait déjà dirigé la division Poncet sur Mayence. Aussitôt qu'il apprit que les lignes avaient été forcées, il donna l'ordre à Marceau de se porter en toute hâte vers Bingen. Marceau recueillit une partie de la division Poncet, chassa l'ennemi des hauteurs de Stromberg, et s'empara de Creutznach, sur la Nahe. Menacé par des forces supérieures, il se replia sur Jourdan, qui arrivait avec trente mille hommes.

On marcha en avant et on occupa de nouveau les bords de la Nahe.

A la droite, Marceau s'avança jusque sur le Glain.

Mais Manheim avait capitulé, et Wurmser venait de passer, avec la plus grande partie de son armée, sur la rive gauche du Rhin.

Clairfayt laissa à ce général le soin de contenir Pi-

3.

chegru et marcha contre Jourdan. Marceau fut rejeté derrière la Nahe avec perte, et l'armée de Sambre-et-Meuse poussée dans les défilés affreux du Hundsrück. Jourdan craignait même d'être obligé de repasser la Moselle, et il donna l'ordre de fortifier le pont de Trarbach. Avant de prendre ce parti, il tenta un dernier effort : Marceau tomba avec vigueur sur les Autrichiens fatigués, les battit, les rejeta sur la Nahe. L'armée de Sambre-et-Meuse se reportait en avant : Clairfayt fit proposer à Jourdan un armistice.

Les troupes qui, depuis trois mois, combattaient dans des pays et par un temps horribles, en avaient le plus pressant besoin; cependant, Jourdan n'y consentit qu'à la condition qu'il serait commun aux deux armées françaises qui luttaient sur le Rhin. Il fut signé le 1er janvier 1796. L'armée de Sambre et-Meuse prit ses cantonnements sur la Nahe.

CAMPAGNE DE 1796

CHAPITRE Ier

Premier passage du Rhin.

Dans la campagne de 1795, les circonstances les plus
heureuses s'étaient réunies pour favoriser les Français :
les sottes instructions du Comité de salut public, l'inhabileté ou la trahison de Pichegru avaient empêché d'en
profiter.

Mais Carnot, élu membre du Directoire, avait ressaisi
la conduite de la guerre, et les affaires allaient prendre
une autre face.

Le signal des victoires, qui devaient amener la dernière des grandes puissances continentales restée en
lutte à demander la paix, partit d'un point d'où on était
loin de l'attendre.

En 1792, les armées françaises avaient envahi la Savoie et le comté de Nice. Dès lors, elles s'étaient con-
sumées en efforts impuissants au milieu des stériles
rochers de l'Apennin. Un général jeune, ardent, plein

d'audace et de génie, leur arrive; à ces hommes nus, sans pain, il montre du haut des Alpes les belles vallées du Piémont, les riches plaines de la Lombardie, et il leur demande s'ils auront assez de courage pour aller y chercher l'abondance. A ces paroles, les soldats se précipitent sur l'ennemi, l'enfoncent à Montenotte, à Millesimo, à Dego, à Mondovi, séparent les Piémontais des Autrichiens, obligent le roi de Sardaigne à traiter, passent le Pô, poursuivent Beaulieu, le battent à Lodi, le refoulent derrière le Mincio, et le poussent dans les gorges du Tyrol; Milan est occupé et Mantoue bloqué.

L'Autriche, étonnée, appelle vingt-cinq mille hommes des bords du Rhin et le vieux Wurmser pour réparer tant de défaites.

Il ne faut pas laisser accabler Bonaparte; Carnot ordonne aux armées du Rhin de dénoncer l'armistice et de passer le fleuve.

Jourdan, avec le centre et la droite de l'armée de Sambre-et-Meuse, occupait toujours les bords de la Nahe; l'aile gauche gardait Dusseldorf.

Moreau, qui s'était distingué à l'armée du Nord, remplaçait Pichegru à la tête de l'armée de Rhin-et-Moselle. Il tenait la ligne de la Queich, et, par un cordon, gardait le Rhin jusqu'à Bâle.

Clairfayt ne commandait plus les Autrichiens : c'était le prince Charles. Après le départ de Wurmser, on mit sous ses ordres les deux armées autrichiennes. Le centre campait en deçà du Rhin, en avant de Mayence et de Manheim qu'il couvrait; l'aile gauche, sous Latour, observait le fleuve, adossée à la Forêt-Noire ; la droite, sous le prince de Wurtemberg, s'étendait jusqu'à la Sieg.

Les forces étaient à peu près égales des deux côtés ; mais les Autrichiens avaient sur les Français une grande supériorité pour la cavalerie.

Le 31 mai, Kléber, avec les divisions Collaud et Lefebvre, quitte le camp de Dusseldorf et s'avance sur la Sieg. Le prince de Wurtemberg essaye d'en défendre le passage : attaqué de front par Lefebvre, pris en flanc par Collaud, chargé par Richepanse et Ney, il est culbuté et laisse aux mains du vainqueur des prisonniers, des drapeaux et des canons.

Kléber s'attendait à le trouver en position à Ukerath, il avait pris ses précautions pour le tourner ; mais les Autrichiens n'avaient pas osé s'arrêter si près de lui ; ils s'étaient retirés sur les hauteurs d'Altenkirchen.

Soult attaque par la gauche, Brunet par la droite, Lefebvre marche à la tête du centre, Collaud est en réserve. Une seconde fois l'ennemi est vaincu ; il fuit en toute hâte vers la Lahn, et le prince de Wurtemberg ordonne au général Finck, qu'il a laissé devant Neuwied, de venir le rejoindre par Montabauer. Déjà ce n'est plus possible : Ney s'est emparé de Dierdorf et de Montabauer ; il sépare le prince de Wurtemberg de son lieutenant. Finck s'échappe par les montagnes et repasse la Lahn ; le prince de Wurtemberg s'est aussi réfugié derrière cette rivière. Le comte de Wartensleben prend le commandement des Autrichiens.

Cependant, le prince Charles, à la nouvelle des revers

de sa droite, attire à lui un corps de l'armée de Wurmser, ne laisse que vingt mille hommes dans le camp de Mayence, et repasse, avec quarante mille autres, sur la rive droite du Rhin.

Aussitôt Jourdan, confiant à Marceau le soin d'observer Mayence, abandonne la Nahe, passe le Rhin à Neuwied, avec les divisions Grenier, Bernadotte, Championnet, et court sur la Lahn à l'aide de Kléber. Il arrive en même temps que l'archiduc; il se prépare à attaquer, mais il est prévenu : l'archiduc s'est porté à Wetzlar; il y force l'aile gauche des Français et passe la rivière.

Jourdan va être tourné; il ne lui reste qu'à faire un changement de front et à combattre le dos au Rhin, ou bien il faut qu'il batte en retraite. La première résolution est trop périlleuse, il se résigne à la seconde. D'ailleurs, en attirant sur lui les principales forces de l'archiduc, il a obtenu ce qu'il voulait : Moreau, dégagé, peut franchir le Rhin.

Jourdan donne à Kléber l'ordre de gagner Dusseldorf avec la gauche, tandis que lui se retirera sur Neuwied avec le centre et la droite.

Le même accident qui avait arrêté Kléber, l'année précédente, l'arrête aussi. Les Autrichiens ont lancé sur le pont des bateaux enflammés : le pont est rompu. Mais Bernadotte, par des charges audacieuses, contient l'ennemi; le pont est réparé, et le corps d'armée défile sans avoir éprouvé de pertes.

Pendant ce temps, Kléber, avec les seules divisions Collaud, Lefebvre et Bonnaud, avait à soutenir le choc de presque toutes les forces de l'archiduc; même un instant il avait craint de voir sa gauche accablée.

Au moment où l'armée marchait sur la Lahn, Soult avait été détaché du côté d'Herborn. Bientôt, entre lui et Kléber, s'étaient glissés les tirailleurs ennemis; les communications avaient été interrompues, Kléber se retirait et Soult n'était pas prévenu.

Ney, à la tête d'un peloton de cavalerie, se jette dans les gorges des montagnes, perce le rideau de tirailleurs, et arrive au moment où Soult, entouré, allait succomber.

Ney charge, vient se reformer derrière les bataillons de Soult, et charge encore. Soult et Ney, se soutenant mutuellement, se retirent en bon ordre; les Autrichiens, lassés, finissent par ne plus les inquiéter. Ils rejoignent Kléber.

Kléber, quoique vivement poursuivi, ne précipitait point sa marche. A Ukerath, attaqué par Kray, il se retourne et le repousse sur Altenkirchen. Ce succès ne lui suffit pas, il veut emporter les hauteurs et s'avance à la tête de ses colonnes; mais l'archiduc approche : Kléber repasse la Sieg et rentre à Dusseldorf.

Le prince Charles laisse devant lui Wartensleben et court sur le Rhin, où son aile gauche est en danger.

CHAPITRE II

Deuxième passage du Rhin.— L'armée de Sambre-et-Meuse pénètre jusqu'aux frontières de la Bohême.

Le 24 juin, Moreau avait franchi le fleuve en face de Kehl, coupé en deux le corps de Latour, rejeté la gauche dans le Brisgau, vers les sources du Danube, et battu la droite à Rastadt et à Ettlingen. Le prince Charles arrivait pour le recueillir. Il ne tenta pas la fortune des armes contre un ennemi victorieux ; il battit en retraite par la vallée du Necker, sur le Danube.

A la première nouvelle des succès de l'armée de Rhin-et-Moselle, l'armée de Sambre-et-Meuse reprit l'offensive. Le 27 juin, Kléber, avec les divisions Lefebvre, Collaud, Bonnaud, sortit de Dusseldorf et, renforcé par Grenier à la hauteur de Cologne, il marcha sur la Sieg.

Le 3 juillet, Jourdan força le passage du Rhin à Neu-wied. Staader, avec six ou sept mille hommes, gardait le débouché. Jourdan fit jeter de l'autre côté du fleuve quelques centaines de grenadiers qui chassèrent les Autrichiens des villages de Hettersdorf et Berndorf et protégèrent la construction du pont. Vers dix heures du matin, les divisions Bernadotte, Championnet, et une partie des troupes de Poncet, défilaient et se portaient en avant. Les Autrichiens se réfugièrent derrière la Lahn.

Jourdan, après avoir opéré sa jonction avec Grenier qui formait la droite de Kléber, s'apprêtait à les y poursuivre, lorsqu'il apprit que l'ennemi était en position devant lui, sur sa gauche, à Neukirch. Ney, à la tête de l'avant-garde de Collaud, venait de l'y découvrir.

· En effet, Wartensleben s'était établi, avec le gros de ses forces, sur le plateau où se croisent les routes de Siegbourg à Wetzlar et de Limbourg à Siegen ; il n'y avait derrière la Lahn que le corps de Staader et la réserve de Werneck.

Les Autrichiens étaient séparés. Il était possible, en combinant un mouvement, d'écraser, soit Werneck, soit Wartensleben.

Jourdan laissa Bernadotte et Poncet pour observer la Lahn, et marcha avec Championnet et Grenier, de concert avec Kléber. Mais Lefebvre, détaché du côté de Siegen, ne put être averti, et l'intrépide Richepanse, trouvant Kray avec l'avant-garde sur les hauteurs du Kalte-Eiche, l'assaillit et le culbuta. Les Autrichiens se retirèrent précipitamment sur Wetzlar et Giesen.

Aussitôt les Français marchèrent sur la Lahn et en forcèrent le passage à Runkel. Wartensleben repassa les dernières montagnes du pays de Nassau et entra dans la vallée du Mein. Kray s'était arrêté en deçà d'Obermerle ; Ney l'y força.

Wartensleben paraissait vouloir défendre la position de Friedberg. Tourné par Lefebvre et Grenier, attaqué par Collaud, il l'abandonna. Les Autrichiens passèrent de l'autre côté du Mein ; les Français arrivèrent devant Francfort.

Cette ville que, dans la campagne précédente, Jourdan avait ménagée, dont, par un scrupule qui, peut-être, avait causé ses revers, il avait respecté la neutralité, cette ville avait donné passage aux Autrichiens, reçu garnison autrichienne, fourni à nos ennemis des secours de toute espèce ; elle ne méritait plus aucun égard. Kléber menaça de la réduire en cendres, si les Autrichiens ne l'évacuaient. Ils en sortirent. On imposa à Francfort une contribution de guerre de dix millions et d'énormes réquisitions pour la nourriture et l'habillement de l'armée.

Jusque-là Jourdan avait eu l'avantage du nombre, mais les détachements qu'il fut obligé de faire pour couvrir le pont de Neuwied, pour bloquer Ehrenbreistein, pour bloquer Mayence sur la rive droite et la rive gauche, pour garder Francfort, rétablirent l'équilibre, si même ils ne donnèrent la supériorité à l'ennemi. Nous avions plus d'infanterie que les Autrichiens, mais ils avaient plus de cavalerie que nous, et, à mesure qu'ils se rapprochaient des provinces héréditaires, ils se rapprochaient de leurs dépôts, de leurs renforts. Nous, au contraire, plus nous nous éloignions du Rhin, plus nous allongions notre ligne de communication, plus nous nous affaiblissions.

Le Mein franchi, le meilleur parti à prendre était d'appuyer à droite, de donner la main à Moreau, de tenir Wartensleben séparé de l'archiduc, d'être toujours à même de former entre eux une masse supérieure qui, lancée sur l'un ou sur l'autre, l'eût accablé.

Mais une observation avait frappé Carnot. Deux fois déjà, l'armée de Sambre-et-Meuse avait pénétré en Allemagne, et, deux fois, elle avait été forcée de rétrograder, parce qu'elle avait été débordée par son flanc gauche. Il recommandait donc à Jourdan de s'élever de ce côté. Jourdan n'osa prendre sur lui de corriger des instructions vicieuses. Au lieu de descendre vers le Necker, il remonta vers la Kinzig et dirigea ses forces sur Gemunden et Schweinfürt, comme s'il eût voulu rabattre Wartensleben sur l'archiduc.

Wartensleben, qui avait reçu du prince Charles l'ordre de ne pas engager d'affaire générale, ne résistait plus qu'autant qu'il fallait pour ne point hâter sa retraite. Il prenait une position, et quand il se voyait au moment d'être tourné, il l'abandonnait. Tout se réduisait à des combats d'arrière-garde où Kray déployait sa vigueur ; où Ney, Richepanse, Klein, montraient la plus brillante audace, mais qui n'avaient pas de résultat.

Les Autrichiens nous avaient abandonné Wurtzbourg, ses magasins, ses arsenaux, sans les défendre. Ils tenaient Zeil, en avant de Bamberg. Dans les premiers jours du mois d'août, Jourdan se préparait à les y attaquer, lorsqu'une indisposition l'obligea à se retirer. Kléber, chargé du commandement, fit avancer les divisions par les deux rives du Mein, mais, suivant son habitude, Wartensleben décampa. Bamberg tomba au pouvoir des Français. L'ennemi, à cheval sur la Rednitz, gardait les bords de la Visentz et de l'Aisch ; son front

était couvert par le fort de Forcheim. Culbuté en avant
de Forcheim par Richepanse et Ney, forcé à son aile
gauche par Bernadotte, il battit en retraite. Nuremberg
fut occupé. Les Autrichiens remontaient la Pegnitz et,
par les hauteurs montagneuses qui séparent les affluents
du Rhin et ceux du Danube, gagnaient les bords de la
Naab. Jourdan, qui avait repris le commandement, les y
suivit et dirigea vers Altdorf et Neumarkt, la division Bernadotte pour couvrir sa droite et se lier avec la gauche
de Moreau.

Wartensleben touchait enfin au terme de sa longue
retraite. En lui prescrivant son mouvement rétrograde,
le prince Charles lui avait désigné Ratisbonne comme le
point où ils se réuniraient. Pour favoriser cette jonction,
Wartensleben voulut défendre Amberg. Retranché sur
des hauteurs escarpées, il s'y croyait à l'abri de toute
attaque ; il avait compté sans l'audace de Ney. Abordé
de front par Collaud, menacé à droite par Lefebvre,
tourné à gauche par Grenier, il se décida à passer la
Naab. Kray resta encore toute la journée du lendemain
sur la rive droite, imposant par sa contenance.

Le 20 août, les Français bordèrent la Naab. Bernadotte s'était avancé jusqu'à Teining.

CHAPITRE III

Jonction de l'archiduc avec Wartensleben.
Retraite de l'armée de Sambre-et-Meuse.

En même temps que Wartensleben suivait la vallée du Mein, le prince Charles remontait le Necker, Moreau était derrière lui. L'archiduc l'attaqua à Neresheim, au débouché des montagnes dans la vallée du Danube, mais il ne put le rejeter par delà. Les Français occupaient les bords de la Vegnitz. Pour peu qu'ils eussent appuyé à gauche, ils auraient rencontré les avant-postes de Bernadotte, dans les environs de Neumarkt. Moreau aima mieux suivre les Autrichiens sur la rive droite du Danube où l'archiduc avait passé. Mais le pont de Donawerth était brûlé ; il fut obligé de rétrograder de plusieurs marches pour franchir le fleuve à Dillingen.

Le prince Charles mit le temps à profit. Laissant Latour avec trente mille hommes pour défendre le Lech, il repassa le Danube à Ingolstadt et se dirigea sur Amberg avec vingt-huit mille autres. Le 20 août, Bernadotte en fut informé par des prisonniers, et, sur-le-champ, il en donna avis à Jourdan. Jourdan, espérant que Moreau allait se mettre à la poursuite des Autrichiens, se contenta de prescrire à son lieutenant de ne pas trop s'engager.

Le 21, l'archiduc dirigea Hotze avec une forte colonne sur Neumarkt et s'avança lui-même du côté de Teining. Les avant-postes de Bernadotte se replièrent ; le 22, il fut attaqué. Avec huit mille hommes, il résista toute la journée à plus de quinze mille, et ne se retira qu'à la nuit sur Neumarkt. Hotze n'y était pas encore.

Le lendemain Bernadotte y soutint un glorieux combat, et, défendant toutes les positions, il recula lentement sur les montagnes. L'archiduc le fit suivre par Hotze et marcha de sa personne sur Amberg.

Jourdan, sur la Naab, n'avait reçu que dans la soirée du 22 le billet par lequel Bernadotte lui annonçait qu'il était aux prises avec des forces supérieures.

Aussitôt il avait dirigé Bonnaud, avec la réserve de cavalerie, sur Bielenhoffen ou Pfaffenhoffen pour se lier avec la gauche de Bernadotte.

Quand Bonnaud arriva, Bernadotte avait évacué Teining et Neumarkt.

A cette nouvelle, Jourdan vit le danger qui le menaçait. Il avait devant lui l'armée de Wartensleben, et l'archiduc s'avançait sur son flanc et sur ses derrières. Le 23 au soir, il donna l'ordre de battre en retraite.

Jourdan aurait voulu atteindre au plus vite la Pegnitz et se porter ce jour-là à Sultzbach. Il fut forcé de s'arrêter à Amberg. Déjà les coureurs ennemis s'étaient jetés entre lui et la réserve de cavalerie, il ne pouvait plus lui mander de franchir directement les montagnes, et les premiers ordres de Bonnaud lui prescrivaient, dans le cas où il ne réussirait pas, de se replier sur Amberg. Si on abandonnait cette ville, Bonnaud, lorsqu'il y arriverait, courrait le risque d'y trouver l'ennemi. Arrêté par Wartensleben, pressé par l'archiduc, il serait réduit à mettre bas les armes.

Pour prévenir ce malheur, Jourdan résolut de défendre Amberg. Les divisions Championnet, Grenier, Collaud, Lefebvre, occupèrent les hauteurs en arrière, et les arrière-gardes restèrent sur la rive gauche de la Wils.

Malgré l'intrépidité de Richepanse, l'audace impétueuse de Ney, Kray faisait des progrès, il approchait de la Wils et il la passait quand Bonnaud arriva ; les Français se mirent en retraite.

Ney formait l'arrière-garde avec la division Collaud et deux bataillons de la 23e demi-brigade. Il s'amuse à braver l'ennemi ; des masses de cavalerie se jettent entre lui et l'armée ; il est cerné.

Ney rassemble ses escadrons, charge et se fait jour, mais ses deux bataillons restent engagés au milieu des Autrichiens. On les somme de mettre bas les armes, ils ne répondent que par des feux meurtriers.

Deshayes qui les commande les dispose en carré. La cavalerie autrichienne vient se briser contre cette poignée de braves. Ils sont entourés d'hommes et de chevaux qu'ils ont abattus, et, derrière ce rempart, ils défient l'ennemi. On ne peut les enfoncer, on les broyera sous la mitraille. C'est quand le canon a fait de larges brèches dans cette citadelle vivante, c'est alors seulement que les escadrons autrichiens parviennent à la renverser.

Des deux bataillons, il ne reste plus que sept cents hommes presque tous blessés.

Deshayes ne survécut que quelques jours à sa glorieuse défaite.

Grâce à ce dévouement héroïque, Jourdan était arrivé à Sultzbach, sans être trop vivement pressé. De fâcheuses nouvelles l'y attendaient.

Au moment où Hotze s'était mis à la poursuite de Bernadotte par Altdorf, une autre colonne s'était dirigée à gauche sur Nuremberg, et en avait chassé le bataillon qui gardait cette ville.

Bernadotte, arrivé à Lauf, craignit que les Autrichiens ne se portassent sur Forcheim, et, delà, sur Bamberg. Il partit le 24 au soir pour occuper les bords de la Wisentz; Hotze entra à Lauf. La grande route que devait suivre l'armée était au pouvoir de l'ennemi.

Jourdan, d'après les indications de quelques paysans, résolut de gagner Velden. La droite, composée des divisions Bonnaud, Grenier et Championnet, se dirigea sur Achtet; Kléber, avec les divisions Collaud et Lefebvre, prit la route de Wilseck. Le pays était affreux, tout coupé de ravins et de bois; mais Jourdan croyait les chemins praticables; un officier général qu'il avait envoyé pour les reconnaître le lui avait assuré. Cependant, quand il arriva à la tête de la colonne, à Achtet, le parc d'artillerie qui marchait en tête venait de s'arrêter. Il était impossible de faire descendre directement les canons sur Velden.

Dans cette extrémité, Jourdan ordonna à Kléber de suspendre son mouvement pour être à portée d'appuyer la droite, si la droite était attaquée, et il fit rétrograder le parc sur Vorrach. Bonnaud chassa de ce village les troupes légères de Hotze qui, déjà, avaient remonté jusque-là, dans la vallée de la Pegnitz, entassa dans le défilé les voitures du pays qui suivaient l'armée, et, protégées par cette barricade, l'artillerie et les troupes défilèrent. On mit en réquisition les habitants de Velden et des villages voisins pour frayer le passage aux canons, et, enfin, Jourdan sortit de ces horribles gorges.

Mais les communications entre Kléber et lui avaient été coupées ; il n'avait pu donner avis de sa marche à la gauche. Heureusement, Kléber était homme à prendre un parti. Ne recevant point de nouvelles, sachant qu'il n'en pouvait recevoir, il continua sa route, passa la rivière à Pegnitz et rejoignit l'armée derrière la Wisentz, le 28 août.

Jourdan n'était pas hors de danger. Hotze, renforcé de Starray, avait passé la Rednitz, l'Aisch, s'était avancé sur la Reich-Eberach, et avait poussé des partis jusque sur le Mein, jusque dans Bamberg, d'où un aide de camp de Bernadotte les avait chassés. Jourdan, encore une fois, était tourné par sa droite.

Il forma le projet de se délivrer et de rouvrir ses communications avec Wurzbourg, en écrasant Hotze.

Le 29 août, il voulait passer la Rednitz à Seussling et à Hirscheid avec quatre divisions, tandis que les deux autres, sous Kléber, arrêteraient l'archiduc ; mais les ponts ne purent être construits à temps.

Le lendemain il franchit la rivière à Bamberg et essaya de remettre son plan à exécution ; il lui sembla que l'ennemi avait reçu des renforts, et il s'arrêta.

Jourdan repassa le Mein et gagna Schweinfürt.

4

CHAPITRE IV

Bataille de Wurtzbourg.

L'armée séjourna à Schweinfürt pour se procurer des vivres et se réorganiser. Collaud se retira, et les troupes qu'il commandait furent réparties dans les autres divisions. Kléber abandonna aussi l'armée sous le prétexte de rétablir sa santé. Pour la même raison, Bernadotte céda le commandement au général de brigade Simon. Le général en chef et ses lieutenants n'étaient plus d'accord.

Jourdan reçut à Schweinfürt des nouvelles de Moreau. L'armée de Rhin-et-Moselle n'avait pas repassé sur la rive gauche du Danube pour se mettre à la poursuite de l'archiduc. Elle avait attaqué le corps de Latour, l'avait battu et rejeté des bords du Leck derrière l'Iser.

Jourdan espéra que cette victoire allait forcer l'archiduc à détacher de nombreux renforts et rétablir l'équilibre. L'honneur, dès lors, ne lui permettait plus de céder à des forces égales ou peut-être inférieures, et, d'ailleurs, il pouvait, par une retraite précipitée, compromettre l'armée du Danube.

Au lieu de gagner au plus vite Gemunden et la Lahn, il résolut de marcher sur Wurtzbourg; de là, il pourrait se porter sur Nuremberg ou défendre le passage du Mein.

Mais le 1er septembre, dans la soirée, Jourdan apprit que les Autrichiens l'avaient franchi; Hotze s'était approché de Wurtzbourg. Jourdan résolut de l'accabler avant qu'il pût être soutenu; il donna l'ordre à la réserve de cavalerie de partir sur-le-champ; il allait la suivre avec les divisions Bernadotte, Championnet et Grenier. Lefebvre fut appelé de Lauringen, où il avait été dirigé, à Schweinfürt, pour défendre la route de Gemunden contre Elnitz, qui s'avançait par Hasfurt, sur la rive droite du Mein, et contre les troupes de Kray, que l'on voyait de l'autre côté de la rivière.

Le 2 septembre au matin, Bonnaud replia les avant-postes de Hotze et se présenta devant Wurtzbourg. Les Autrichiens l'occupaient; ils y avaient été reçus par les habitants, et la faible garnison que Jourdan y avait laissée s'était réfugiée dans la citadelle, de l'autre côté du Mein, où elle était bloquée.

Vers midi, la division Bernadotte arriva. Elle occupa le village de Lengfeld et la colline de Steinberg, qui domine Wutzbourg au nord.

Bientôt les Français passèrent le ruisseau de Kornach et repoussèrent les troupes de Hotze, du plateau en avant de Lengfeld, sur lequel ils s'établirent.

Starray s'avança de Kitzingen au secours de Hotze. Il prit position entre le village de Rottendorf et celui d'Euerfeld, et garnit de tirailleurs les petits bois en avant. Il les porta même jusqu'au village de Kornach.

Championnet les en chassa, traversa le ravin et

s'établit entre Estenfeld, où il se liait à la gauche de
Simon, et Kornach.

Grenier n'entra en ligne que vers le soir, et campa
entre Ober-Bleichfeld et Unter-Bleichfeld.

Bonnaud et la cavalerie se rangèrent en réserve sur le
plateau de Meinenbrunn.

A la nuit, les Français étaient rangés parallèlement à la
grande route de Schweinfürt à Wurtzbourg, en avant et
en arrière du ruisseau de Kornach.

Hotze occupait le Galgenberg, et Starray le village de
Rottendorf et les hauteurs en arrière du ravin.

L'archiduc Charles n'avait envoyé, après l'affaire
d'Amberg, que quelques bataillons et escadrons au secours de Latour. Il était campé, avec le gros de ses
forces, entre Bamberg et Wurtzbourg.

Aussitôt qu'il fut informé de la marche de Jourdan sur
Wurtzbourg, il partit pour passer le Mein à Schwarzach
avec toutes ses troupes. Elles formaient deux colonnes,
l'une commandée par Kray, l'autre sous les ordres de
Wartensleben.

Le lendemain, 3 septembre, l'action ne commença
que vers huit heures. Jusque-là un brouillard épais avait
retenu les corps en présence dans leurs positions.

Hotze attaqua Simon avec vigueur et le rejeta au delà
du ravin du Kornach. Mais les Autrichiens ne purent
déboucher du village de Lengfeld.

Pendant ce temps, Championnet enlevait le bois d'Estenfeld, poussait devant lui Starray, et, tournant les
Autrichiens par leur droite, s'approchait de Rottendorf.

Jourdan ordonna à Grenier d'appuyer Championnet. Ce mouvement devait être décisif. Au moment où Grenier s'ébranlait, il aperçut des masses profondes qui s'avançaient. C'étaient les colonnes de Kray et de Wartensleben ; Grenier s'arrêta.

Jourdan ne pouvait s'y méprendre ; l'archiduc était devant lui avec des forces supérieures.

Sans perdre de temps, il envoya à Lefebvre l'ordre de ne laisser à Schweinfürt que les troupes nécessaires pour contenir Elnitz, et d'accourir avec le reste. Déjà les routes étaient interceptées ; les officiers ne purent percer jusqu'à lui.

Jourdan ne perdit pas encore tout espoir ; Lefebvre s'apercevrait du mouvement des Autrichiens et les suivrait sur la rive droite du Mein, ou bien arriverait au bruit du canon. Lefebvre, ne recevant pas d'ordre, resta à Schweinfürt.

Wartensleben et Kray marchaient toujours. A Kray, qui remontait le Mein et paraissait vouloir tourner la gauche, Jourdan opposa la division Grenier, et appela au centre la réserve de cavalerie pour tenir tête aux nombreux escadrons de Wartensleben qui se déployaient en avant d'Euerfeld.

Bonnaud n'avait pas achevé ses dispositions lorsque les troupes légères qui couvraient la gauche de Championnet furent ramenées. La charge sonne, Bonnaud s'élance, les escadrons de droite sont rompus, mais ceux de gauche enfoncent la cavalerie ennemie et, se rabattant vivement à droite, y ramènent la victoire. Surpris dans le désordre de la charge, ils plient à leur tour et

4.

viennent chercher un refuge derrière l'infanterie. Des feux bien dirigés arrêtent les Autrichiens.

Championnet est le seul qui .garde encore les positions qu'il a conquises. La division Bernadotte a été rejetée de l'autre côté du ravin de Kornach, et Grenier se soutient avec peine; Kray menace de plus en plus sa gauche. Jourdan ordonne la retraite : elle se fait sur Arnstein.

Jourdan, avec vingt-sept mille hommes, avait lutté contre plus de quarante mille. Il avait perdu environ deux mille hommes.

CHAPITRE V

L'armée de Sambre-et-Meuse repasse la Lahn et la Sieg. — Mort de Marceau. — Retraite de Moreau.

Après la bataille de Wurtzbourg, il ne restait à Jourdan d'autre parti à prendre que de regagner la Lahn au plus vite; son armée manquait de vivres et n'avait presque plus de munitions. On les tirait des bords du Rhin, et les paysans de la Franconie, que les succès auraient contenus, couraient de tous côtés aux armes, interceptaient les routes et arrêtaient les convois. L'armée partit d'Arnstein le 4 septembre et se dirigea sur Gemunden. Lefebvre formait l'arrière-garde. Le 9, les Français arrivèrent sur la Lahn, qu'ils repassèrent à Wetzlar et à Giesen.

Jourdan était inquiet pour les troupes qu'il avait laissées devant Mayence. Marceau, qui les commandait, donna au général Hatry, resté sur la rive gauche du Rhin, l'ordre de se retirer sur la Nahe, et, avec les douze mille hommes de la rive droite, il se dirigea vers Limbourg. Il y arriva le 10.

Jourdan, décidé à défendre la Lahn, forma sa ligne.

Grenier occupa Giesen et, avec le gros de sa division, campa sur les hauteurs en arrière.

Lefebvre resta sur la rive gauche et couvrit Wetzlar.

Championnet garda en arrière de Wetzlar les hauteurs d'Altenbourg et défendit les passages de Lein et de Weilbourg.

Bernadotte, qui avait repris son commandement, s'établit sur les hauteurs d'Hofheim avec sa division et la réserve de cavalerie.

Marceau, à côté de lui, plaça la division Poncet à Limbourg et à Dietz.

La droite, sous Castelverd, observait la basse Lahn.

L'archiduc était entré le 8 à Francfort, et de là avait marché en trois colonnes sur la Lahn. Il conduisait la droite et menaçait Giesen et Wetzlar; Hotze, au centre, s'avançait vers Limbourg; Neu, à gauche, se dirigeait sur la basse Lahn.

Le 11, Kray attaqua vivement les avant-postes de Grenier et s'empara de Giesen. L'archiduc était à Friedberg et à Busbach. Jourdan pensa que cette fois encore son dessein était de forcer la gauche.

Il fit repasser la rivière à Lefebvre et l'établit à la droite de Grenier. En même temps, il appela du centre la réserve de cavalerie, dont il forma une seconde ligne à l'aile gauche, ordonna à Bernadotte de relever Championnet, et à Championnet de prendre position de l'autre côté de la Dille, avec la plus grande partie de sa division. Il ne restait plus à Limbourg et dans les environs que la division Poncet, forte seulement de six mille hommes.

C'est de ce côté que l'archiduc se porta. Il se réunit à la colonne de Hotze, et se disposa à attaquer. En vain Marceau avertit Jourdan qu'il avait devant lui les principales forces des Autrichiens : Jourdan persista à croire qu'il se trompait.

Le 16, Kray essaya de passer la Lahn près de Giesen; il fut repoussé à la suite d'un combat où Bonnaud fut blessé mortellement.

Le même jour, l'archiduc fit attaquer Dietz et Limbourg.

Après une lutte acharnée, Dietz fut enlevé, et les troupes qui le défendaient se replièrent sur les hauteurs en arrière.

A Limbourg, Marceau avait été plus heureux. Chassé de la ville, il y était rentré. Les Autrichiens étaient revenus à la charge, et, protégés par une nombreuse artillerie, ils avaient de nouveau délogé les Français. Marceau, avec quelques bataillons de renfort, s'était jeté tête baissée dans les faubourgs et en avait encore expulsé l'ennemi. Une troisième fois, il avait été forcé de les évacuer, et une troisième fois il les avait repris. Limbourg lui était resté.

Mais ce glorieux succès devait être de peu de durée s'il ne recevait de prompts secours. Il en demandait avec instance au général en chef, et se faisait fort, s'il était appuyé, non seulement de se maintenir à Limboug, mais même d'empêcher les Autrichiens de déboucher de Dietz.

Le combat de Giesen avait déjà fait pressentir à Jourdan qu'il n'avait devant lui qu'une faible partie de l'armée autrichienne : le rapport de Marceau acheva de lui ouvrir les yeux.

Sur-le-champ, il renvoya à la droite la réserve de cavalerie, fit repasser la Dille à Championnet, et ordonna à Bernadotte de courir au secours de Marceau. Les choses n'étaient plus dans le même état.

A la nouvelle que le passage de Dietz était forcé, Castelverd, sur la basse Lahn, s'imagina qu'il allait être enveloppé, et il se replia précipitamment sur Montabauer et Neuwied. Les Autrichiens occupèrent la basse Lahn. Dès lors, il était inutile, il était dangereux de s'opiniâtrer à garder Limbourg. Le 17, à neuf heures du matin, Marceau l'évacua et se retira lentement sur Molsberg.

Vers midi, lorsque Bernadotte déboucha sur le plateau d'Hofheim, il y trouva les Autrichiens. Il fit bonne contenance, et, quoique assailli par des masses de cavalerie, il se dirigea avec ordre sur Mehrenberg, où ses détachements le rejoignirent.

L'armée de Sambre-et-Meuse était dans une position critique. Dans ce pays de Nassau, si coupé de montagnes, de bois et de ravins, elle n'avait pour retraite que la route d'Altenkirchen à Siegbourg, et cette route n'était défendue que par les cinq ou six mille hommes de la division Poncet. Si l'archiduc lançait toutes ses forces sur Marceau, s'il l'accablait, s'il le poussait vivement, s'il arrivait à Altenkirchen, comment l'aile gauche de l'armée de Sambre-et-Meuse, jetée jusque vers Giesen, échapperait-elle ?

Aussitôt qu'il apprit la retraite de la droite, Jourdan ordonna à Grenier et à Lefebvre de se rendre à marche forcée à Herborn, d'y passer la Dille et de gagner Hachenbourg. Championnet suivit la même route par la rive droite de la Dille, et Bernadotte se dirigea sur Altenkirchen.

Tous ces mouvements purent s'exécuter, grâce à la fermeté de Marceau. Enveloppé de tous côtés, ce jeune général ne se troubla point : il remplit de confiance sa petite troupe, manœuvra sans se laisser entamer, disputa toutes les positions, mit un jour et demi à faire un trajet de quelques lieues, et déboucha de la forêt d'Hochbach le 19, vers le milieu du jour. Toutes les divisions n'avaient pas encore franchi le défilé d'Altenkirchen.

Jourdan mande à Marceau que, n'importe à quel prix, il faut encore gagner quelques heures.

Marceau ramène ses soldats contre l'ennemi, dispose quelques pièces sur deux collines voisines, et, avec trois de ses officiers, s'avance pour observer les Autrichiens. Un coup de fusil part de derrière un arbre. Marceau ne dit rien; mais à trois cents pas de là, il se fait descendre de cheval : il est grièvement blessé.

A cette nouvelle, Jourdan accourt : il trouve son lieutenant, que des grenadiers portent sur un brancard; leurs yeux se rencontrent et se remplissent de larmes.

L'ennemi approche. Les soldats de Marceàu, le visage triste et sombre, se précipitent sur les Autrichiens et vengent leur jeune chef.

Jourdan rentre à Altenkirchen. Il est inquiet au sujet de Marceau; mais il espère encore. Là, il apprend que la blessure est mortelle. Tel est même l'état de Marceau qu'il est impossible de le transporter plus loin. Jourdan

laisse auprès de lui deux officiers d'état-major, deux
officiers de santé, deux ordonnances, et, le confiant à la
générosité de l'ennemi, il continue sa retraite.

Marceau, par sa conduite héroïque, avait frappé d'admiration les Autrichiens. L'archiduc lui témoigna les
égards les plus touchants; le vieux Kray lui pressait les
mains avec douleur; tous les officiers de hussards de
Barco et de Blankenstein, qu'il avait eu souvent à combattre, vinrent le visiter. Marceau mourut le 21.

L'archiduc fit reconduire son corps à l'armée de
Sambre-et-Meuse, et le jour où il fut enterré près de
Coblentz, au camp de la Chartreuse, la garnison
d'Ehrenbreistein s'unit aux Français pour rendre à ce
noble jeune homme les derniers devoirs.

L'armée de Sambre-et-Meuse avait repassé la Sieg.
L'archiduc laissa devant elle Werneck avec trente mille
hommes, et, avec vingt mille autres, remonta le Rhin
pour se joindre à Latour et accabler Moreau.

Les revers de Jourdan avaient compromis l'armée de
Rhin-et-Moselle. Quoique victorieuse, elle se résigna à la
retraite. Elle repassa le Lech et, longeant le Danube,
par la rive droite, elle se dirigea vers les défilés de la
Forêt-Noire.

Latour essaya de retarder sa marche : Moreau se
retourna et le battit à Biberach. Dès lors, Latour fut
plus circonspect. Moreau traversa la Forêt-Noire et
déboucha sur Fribourg. L'archiduc fit sa jonction avec
Latour. Deux fois, dans la vallée du Rhin, il attaqua
Moreau sans pouvoir l'entamer.

Moreau repassa le Rhin à Brisach et à Huningue.

CHAPITRE VI

Jourdan quitte l'armée de Sambre-et-Meuse.
Beurnonville. — Hoche.

Jourdan était un bon général ; mais, surtout, c'était un honnête homme. Jamais il n'avait eu recours à la brigue pour obtenir le commandement, et ne l'avait jamais exercé que par l'amitié et la confiance.

Du moment qu'il crut s'apercevoir que ses officiers se défiaient de ses talents, il résolut de se retirer.

Dès Schweinfürt, il avait écrit au Directoire pour être remplacé. Arrivé sur la Lahn, il renouvela sa demande.

Beurnonville lui succéda

Après une retraite longue et pénible, où les privations les plus dures étaient venues se joindre aux fatigues des marches et des combats, l'armée de Sambre-et-Meuse arrivait en désordre derrière la Sieg. Beurnonville prit un peu de confusion pour la désorganisation qui suit la déroute. Il commença à s'effrayer.

Le besoin avait réduit de malheureux soldats à enlever de quoi ne pas mourir de faim ; Beurnonville traita l'armée comme un ramas de pillards et de brigands.

Quelques généraux démoralisés et malades parlaient

5

de donner leur démission ; Beurnonville les menaça de
les faire conduire désarmés à la tête des colonnes et de
les faire fusiller comme déserteurs.

Ernouf et Jourdan tardaient à lui remettre l'état de
situation des troupes ; Beurnonville crut qu'ils avaient
intérêt à éluder cette formalité, ou qu'ils mettaient à la
remplir du mauvais vouloir : il écrivit au Directoire
qu'il retiendrait Ernouf et Jourdan lui-même jusqu'à ce
qu'il en eût reçu tout ce qu'il avait droit de leur demander.

Cette conduite imprudente mécontenta tout le monde,
et Beurnonville ne sut prendre aucune des mesures pro-
pres à guérir le mal. L'armée, dans ses cantonnements,
tomba dans l'état le plus déplorable. Elle fut sur le
point de se dissoudre ; les hommes manquèrent de pain
et les chevaux de fourrage.

Beurnonville sentit bientôt que le fardeau était trop
lourd pour lui : il demanda à le partager.

Le Directoire refusa et lui fit dire de se préparer à
entrer en campagne.

Moreau était encore aux prises avec l'archiduc Charles, sur la rive droite du Rhin. Le meilleur moyen de le
dégager était de rappeler ailleurs les Autrichiens.
Carnot ordonna à Beurnonville de franchir la Lahn et
de se porter vers la Rednitz. Beurnonville se récria :
« La Lahn, écrivit-il au ministre, sans doute je peux
l'atteindre, si on me donne du pain pour traverser le
désert qui m'en sépare, comme des transports pour
enlever mes blessés, et ne pas les abandonner aux cor-
beaux, dans les bois ; mais la Rednitz ! non, citoyen

ministre, cela ne se peut : je suis sans pain, sans viande, sans avoine ; je ne saurais pousser sur la Rednitz. Chargez de cela quelqu'un qui ne craigne pas de se faire battre. Nommez Kléber, nommez Schérer ou Hoche ; vous me crevez si vous persistez à m'imposer ce pénible pèlerinage. »

Il n'y avait rien à espérer d'un général aussi peu confiant ; le Directoire nomma Kléber à sa place ; mais Kléber, fatigué, ne voulut pas accepter. Peu après, il quitta définitivement l'armée.

Hoche n'avait pas réussi dans son expédition d'Irlande : la tempête, après l'avoir séparé de sa flotte, venait de le rejeter sur nos côtes.

Le Directoire l'envoya à l'armée de Sambre-et-Meuse.

Hoche n'était pas pour elle un homme nouveau : les vieux soldats de l'armée de la Moselle le connaissaient. C'était à leur tête qu'il avait combattu à Kayserslautern, rejeté Wurmser de l'Alsace, enlevé les lignes de Wissembourg et débloqué Landau.

Ils parlaient de Hoche à leurs camarades ; ils leur disaient, comme au jour où, pour la première fois, Hoche leur était apparu : « Courage, confiance, défenseurs de la patrie : nous allons sortir de notre engourdissement. Notre nouveau général est jeune comme la Révolution, robuste comme le peuple : il nous conduira comme doivent être conduits des Français. »

Et tous ne respiraient qu'enthousiasme !

Avec de pareils hommes, il n'était pas difficile de recomposer une armée. D'ailleurs, Hoche était aussi habile administrateur que grand général. Il semblait que sa tâche fût de réorganiser. Dans les Vosges, en Vendée, il n'aavit vaincu qu'après avoir refait des bataillons; à Brest, avec des débris, il avait créé une marine

Son premier soin, en arrivant sur le Rhin, fut de visiter les cantonnements, d'interroger les chefs, de s'informer des besoins.

Ce qui rongeait l'armée, c'étaient les commissaires de toutes sortes : Hoche les renvoya. Investi par le Directoire d'une autorité presque absolue, il rétablit au bord du Rhin l'ancienne administration, les baillis, les chapitres, et, en quelques mois, les troupes furent habillées, nourries, remontées aux frais des pays conquis, sans qu'ils parussent en souffrir. Hoche put même abandonner à Moreau le million que Bonaparte envoyait d'Italie aux armées du Rhin pour les mettre en état de le seconder.

Au mois de mars 1797, l'armée de Sambre-et-Meuse, vive, alerte, pleine d'espoir, n'attendait plus que le signal pour s'élancer au delà du Rhin : elle ne tarda pas à le recevoir.

CAMPAGNE DE 1797

CHAPITRE Ier

L'armée d'Italie.

Dans la campagne de 1796, les armées du Rhin n'avaient pas obtenu les succès qu'on espérait. Au contraire, l'armée d'Italie avait étonné par des prodiges.

Les victoires de Montenotte, de Millesimo, de Dego, de Mondovi, de Lodi, avaient porté Bonaparte jusque sur le Mincio et l'Adige. Il tenait Mantoue bloqué.

Wurmser accourut des bords du Rhin pour délivrer cette place, la citadelle de la Lombardie; mais, vaincu à Lonato et à Castiglione, il fut rejeté dans les gorges du Tyrol.

A peine avait-il eu le temps d'y reformer une armée, que son ardent adversaire marcha contre lui, s'ouvrit le passage à Roveredo, descendit à sa suite la vallée de la Brenta, l'atteignit à Bassano, le poussa sur l'Adige et allait l'y accabler, quand Wurmser trouva un moyen d'échapper et se réfugia dans Mantoue.

A son tour, Alvinzy se présenta. Il espéra d'abord

être plus heureux que ses devanciers : attaqué dans la position de Caldiero, il n'y avait pas été forcé.

Mais déjà Bonaparte avait découvert à quelques lieues de là, au milieu des marais, un autre champ de bataille, où la nature du terrain devait rétablir l'équilibre des forces ; il y assaillit les Autrichiens, et, à force d'habileté, de courage, de persévérance et d'audace, il rompit leurs masses à Arcole.

Alvinzy, comme Wurmser, répara ses pertes.

Il s'avança de nouveau, et déboucha sur le plateau de Rivoli. Ses soixante mille hommes devaient accabler les trente mille hommes que Bonaparte pouvait lui opposer ; mais, si le nombre était d'un côté, le génie pesait de l'autre.

Coupé, brisé, écrasé, Alvinzy ne s'échappa qu'avec des débris.

Cette fois encore, le champ clos restait aux Français. Mais derrière les sommets des Alpes, il semblait qu'il y eût des réservoirs d'hommes aussi inépuisables que les réservoirs d'eau qui alimentent les fleuves qui en descendent. Une armée n'était pas plutôt abattue qu'une autre paraissait pour la remplacer.

Wurmser avait succédé à Beaulieu, Alvinzy à Wurmser, et maintenant, pour se mesurer avec le redoutable champion qui désarçonnait ses plus habiles guerriers, l'Autriche envoyait le jeune prince qui venait de s'illustrer aux bords du Rhin.

A force de vaincre, les vainqueurs s'épuisaient. Le Directoire avait envoyé des renforts à l'armée d'Italie ; mais, si on laissait l'ennemi en repos sur le Rhin, il était à craindre que de nouveaux bataillons n'allassent renforcer l'archiduc Charles.

Carnot donna à Hoche et à Moreau l'ordre de passer le Rhin.

CHAPITRE II

**Passage du Rhin. — L'armée de Sambre-et-Meuse
sur la Lahn et le Mein. — Armistice.**

L'armée de Sambre-et-Meuse, forte de soixante-dix
mille hommes, était partagée en trois corps, chacun de
deux divisions d'infanterie.

Lefebvre commandait la droite, Grenier le centre et
Championnet la gauche.

Hoche avait séparé les différentes armes de la cavalerie.

Les hussards, sous les ordres de Ney, furent attachés
aux divisions du centre ; les chasseurs, sous Riche-
pause, appuyèrent la droite ; et les dragons de Klein
renforcèrent l'aile gauche.

La grosse cavalerie, commandée par d'Hautpoul, et
une division d'infanterie, sous les ordres du général
Watrin, formaient la réserve.

Werneck, qui commandait les Autrichiens sur le Bas-
Rhin, n'avait à opposer aux Français que trente mille
hommes.

Une réserve de dix mille hommes campait sur le
Mein ; mais ce corps, destiné à renforcer, suivant le

besoin, ou l'armée du Haut-Rhin, ou l'armée du Bas-Rhin, n'était pas complètement dans sa dépendance.

L'armée de Sambre-et-Meuse pouvait déboucher sur la rive droite par Dusseldorf et Neuwied.

Hoche ordonna à Championnet de quitter le camp retranché de Dusseldorf, et de se porter sur la Sieg, le 17 avril. Le 18, à trois heures du matin, le centre et l'aile droite défilèrent par le pont de Neuwied, et vinrent se ranger en bataille dans la plaine.

Les hauteurs en face étaient couvertes de canons et de retranchements. Kray les occupait.

Lefebvre à droite, Grenier à gauche, marchèrent pour les enlever. Les Autrichiens furent rejetés de l'autre côté du Saynbach. Ils essayèrent de défendre le ruisseau et de tenir à Berndorf.

Richepanse les chargea, les refoula, les accula à la sortie du village, et un grand nombre déposa les armes.

Le reste se sauva dans la direction de Montabauer.

A gauche, Ney tourna les redoutes de Hettersdorf. Bastoul, à la tête des grenadiers, marcha sans tirer un coup de fusil, et emporta le village.

Restait au centre une redoute qui, les ailes en fuite, continuait un feu meurtrier. Deux fois, Ollivier l'attaqua, deux fois il fut repoussé; enfin, au troisième assaut, on y entra.

Watrin, à l'extrême droite, achevait d'étouffer la résistance.

La bataille de Neuwied avait coûté aux Autrichiens cinq mille hommes, huit drapeaux et trente pièces de canon.

5.

La journée était à peine commencée. On se mit à leur poursuite, Richepanse et Lefebvre sur la route de Montabauer, Grenier et Ney par celle de Dierdorf.

C'était de ce côté que se retirait Kray avec le gros de ses forces. A chaque instant, Ney se jetait sur son arrière-garde, et lui enlevait des hommes et des bagages · Tout à coup, les Autrichiens parurent vouloir tenir ferme : Werneck s'avançait à leur secours.

Ce général, en effet, pour séparer Championnet du centre et de l'aile droite des Français, avait pris position près d'Altenkirchen. Il bordait le ruisseau, en avant de Dierdorf.

Ney, malgré l'effrayante disproportion des forces, attaque. Il n'a avec lui que ses hussards et une batterie d'artillerie légère; mais bientôt arrive l'infanterie : les Autrichiens battent en retraite sur Hachembourg. Championnet fait sa jonction avec Hoche.

Le lendemain 19, Watrin remonte la Lahn jusqu'à Dietz; Lefebvre occupe Limbourg; Grenier marche sur Molsberg et Weilbourg, et Hoche, avec les hussards, la réserve de cavalerie et la division Ollivier, se dirige sur Hachembourg, pour renforcer l'aile gauche.

Werneck est établi sur le plateau de Neukirch.

Le 20, de bon matin, Hoche s'avance pour l'attaquer; mais Werneck a levé son camp à minuit et repassé la Dille à Herborn. Il est en pleine retraite sur Wetzlar et Giesen.

Hoche lance Ney à sa poursuite, et ordonne à Lefebvre de franchir la Lahn, de gagner Francfort à marche forcée, pour arrêter les Autrichiens sur le Mein, puisque la promptitude de leur fuite l'a empêché de les accabler en les poussant sur la Lahn. Grenier occupe Weilbourg et entre sans résistance à Wetzlar. Déjà Werneck l'a évacué; son arrière-garde tient encore à Giesen.

Le 21, Ney amuse Elnitz sur les collines en avant de la ville; les dragons de Championnet passent la Lahn un peu plus haut, et débouchent au grand trot sur la route de Giesen au Mein. Les Autrichiens s'aperçoivent qu'ils vont être cernés; ils traversent rapidement Giesen; une partie de la division d'Elnitz, coupée, entourée, est obligée de se rendre avec beaucoup de bagages et quelques pièces de canon. Le reste, vivement pressé, appelle à son aide; Werneck rétrograde. Ney, qui n'a jamais compté l'ennemi, se jette sur les Autrichiens; son cheval s'abat : il est pris.

Les moments sont précieux; Werneck, content d'avoir sauvé Elnitz, met la Nidda entre lui et les Français.

Lefebvre, après avoir repoussé dans Mayence la réserve de Werneck, qui était arrivée trop tard sur la Lahn, s'était approché des bords de la Nidda.

Le 22, au matin, Richepanse passe la rivière, charge la cavalerie autrichienne qui la défend, la rejette en désordre sur Francfort, entre dans la ville avec elle, lorsqu'un courrier, accompagné du commandant de place, présente une dépêche à Lefebvre. C'est la nouvelle des préliminaires de Léoben.

Lefebvre, qui se voit enlever la victoire, ne peut s'empêcher de lancer au courrier une apostrophe de soldat, pour s'être tant pressé d'arriver si mal à propos.

La vérité est qu'un jour de retard mettait les Autrichiens dans le plus grand péril. Maître de Francfort, Lefebvre leur coupait la retraite sur Aschaffenbourg, tandis que Grenier les pressait de front et que Championnet, s'élevant sur leur droite, les empêchait de fuir vers Hanau. Acculés au Mein, ils y allaient vraisemblablement éprouver un grand désastre. La paix les sauva.

Sur-le-champ, les généraux en chef convinrent d'un armistice : les Français campèrent sur les bords de la Nidda.

CHAPITRE III

**Mort de Hoche. — Dissolution de l'armée
de Sambre-et-Meuse.**

Werneck mis hors de combat, rien n'eût empêché Hoche de donner la main à Moreau, qui, lui aussi, était alors de l'autre côté du Rhin; rien ne les eût empêchés d'accabler ensemble Latour, et d'aller ensuite dicter des conditions à l'Empereur jusqu'au sein de ses États.

Mais l'armée d'Italie s'était chargée à elle seule de la tâche.

L'archiduc n'avait pas été plus favorisé du sort qu'Alvinzy, Wurmser et Beaulieu.

Surpris par son adversaire dans les gorges du Tyrol, il y avait vu ses colonnes forcées, brisées, rompues.

Il avait cherché à se dégager, mais Bonaparte avait débouché à sa suite dans les vallées du Danube, et il était presque en vue de Vienne quand l'Autriche demanda la paix. Le traité de Campo-Formio devait, un peu plus tard, confirmer les préliminaires de Léoben.

Hoche ne vécut pas jusque-là : la mort le saisit dans toute la vigueur de la jeunesse. Il n'avait que vingt-neuf ans.

Un mal étrange s'était emparé de lui. Effet du poison ou bien suite de l'abus du plaisir, une toux sèche le dévorait; sa poitrine était oppressée, sa respiration pénible; il étouffait. Une chaleur brûlante courait par tous ses membres et les lui tordait dans d'horribles convulsions. « Suis-je donc, s'écriait-il, suis-je donc revêtu de la robe de Nessus? »

Les médecins lui conseillaient le repos; mais lui, comme s'il eût senti que sa fin était proche et qu'il lui fallait se hâter de remplir le peu de jours qui lui restaient, lui ne leur demandait de remède que contre la fatigue Épuisé par d'atroces souffrances, il succomba à Wetzlar le 19 septembre 1797. L'armée de Sambre-et-Meuse prit le deuil. Les soldats avaient perdu un père, et les chefs un ami. Tous pleuraient en repassant la Lahn, que quelques mois auparavant ils franchissaient avec tant d'ardeur. Cette fois ils ne suivaient plus qu'un cercueil.

Du moins leur douleur trouvait de la sympathie dans les populations qu'ils traversaient. Hoche n'avait fait que se montrer dans ces contrées, mais il y avait paru ce qu'il était partout, grand, généreux, héroïque. Il avait enlevé l'admiration, il avait conquis l'amour. Le peuple des villes et des campagnes accourait pour lui rendre un dernier hommage. Le commandant autrichien d'Ehrenbreistein vint au-devant du char funèbre; sa garnison forma la haie et présenta les armes. Le lendemain, quand on descendit le corps de Hoche à sa dernière demeure, aux salves de l'artillerie française répondirent les canons de la forteresse.

Hoche repose à Coblentz, à côté de Marceau. Deux de nos héros dorment au bord du Rhin.

Deux années plus tard, l'Empereur crut le moment favorable pour reprendre les armes et venger ses défaites. Hoche était mort, et Bonaparte était par delà les mers, enfermé dans l'Égypte, sa conquête ; mais ils avaient laissé des lieutenants.

L'Autriche, unie à la Russie, fut vaincue par Masséna, au milieu des montagnes de la Suisse.

L'armée de Sambre-et-Meuse alors n'existait plus. Elle avait été fondue dans les autres armées.

Ses bataillons, dispersés, se faisaient toujours remarquer par leur tenue, par leur discipline, par leur constance à toute épreuve, par leur fermeté dans les combats, et longtemps encore, pour achever l'éloge d'un de ces braves, on dit de lui : « Il était de l'armée de Sambre-et-Meuse ! »

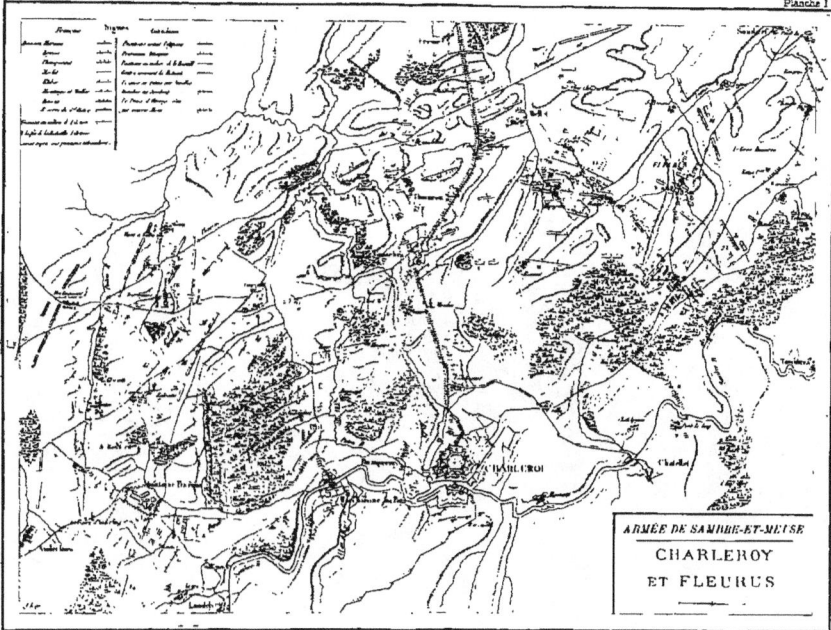

ARMÉE DE SAMBRE-ET-MEUSE

CHARLEROY

ET FLEURUS

0 1 2 3 4 5 6 7 8 9 10

ARMÉE DE SAMBRE-ET-MEUSE

BATAILLES DE L'OURTE
& DE LA ROËR

ARMÉE DE SAMBRE-ET-MEUSE

CARTE

DU PAYS ENTRE LA LAHN ET LE MEIN

Voisine et émule de l'armée de Sambre-et-Meuse, l'armée du Rhin lui a presque toujours été associée dans les succès comme dans les revers. C'est pourquoi nous les réunissons.

L'ARMÉE DU RHIN

CHAPITRE Iᵉʳ

**L'armée du Rhin. — Déclaration de guerre
à l'Autriche. — La Marseillaise.**

Depuis trois ans qu'elle durait, la Révolution avait
froissé bien des opinions, nui à bien des intérêts, fait
une foule de mécontents. 25 ou 30,000 Émigrés avaient
quitté la France, et, rassemblés sur la frontière, ils s'or-
ganisaient et s'armaient, n'attendant qu'une occasion
pour rentrer de force dans leur pays, renverser l'ordre
nouveau qu'on y avait établi, reprendre leur rang, leurs
privilèges, leurs biens, et châtier ceux qui les en avaient
dépouillés.

De leur côté, les frères du roi, les comtes de Pro-
vence et d'Artois, ne cessaient de s'adresser aux puissances étrangères et cherchaient à les apitoyer sur la
situation de Louis XVI. L'empereur d'Allemagne et le
roi de Prusse avaient fini par se laisser toucher; ils
venaient de s'entendre, et, à Pilnitz, ils avaient décidé
de réunir leurs armées pour marcher contre la Révolu-

tion, l'abattre et restaurer la royauté. Les autres États, la Suède, la Russie, le Piémont, Naples, l'Espagne, s'étaient joints à eux.

La lutte était proche. L'Assemblée législative ne l'attendit pas : le 20 avril 1792, elle déclara la guerre à l'Autriche. 150,000 hommes, en trois armées, bordaient nos frontières du nord. Luckner commandait l'armée du Rhin ; il avait son quartier général à Strasbourg.

Cette ville n'était réunie à la France que depuis un siècle, mais elle était toute française. Son maire, Frédéric de Dietrich, ami des Bailly, des La Fayette, partageait leurs idées et les répandait.

Par lui Strasbourg avait des journaux et des clubs dans lesquels se discutaient toutes les questions du moment. Constamment tenue au courant de ce qui se passait au dedans et au dehors, la population, en outre, était remuée tous les jours par les bataillons de volontaires qui se rendaient à l'armée, par les sentiments et les passions qu'ils apportaient avec eux et qu'ils déposaient dans son sein. Strasbourg fermentait. Le 24 avril, arrive la nouvelle de la déclaration de guerre. Le maire la proclame dans tous les quartiers, et Strasbourg frémissante éclate en transports de joie. Dietrich fait préparer un banquet ; il y invite quelques amis et des officiers de la garnison. A table, on parle de la guerre, des ennemis que l'on va avoir à combattre, de l'anxiété patriotique qui serre le cœur à la pensée du péril menaçant, et aussi des espérances que fait concevoir l'ardeur de nos soldats.

« Mais, s'écrie Dietrich, il faudrait, pour soutenir

leur enthousiasme, l'accroître s'il est possible, un chant
mâle tel qu'en devraient inspirer les circonstances, et
de Paris on ne nous envoie que des ponts-neufs. » Et,
se tournant vers un des convives, jeune officier du génie
qui, quelques mois auparavant, avait composé les paroles et la musique d'un hymne à la Liberté : « Rouget,
c'est vous qui nous ferez ce chant, mettez-vous à
l'œuvre. » Mais Rouget se défend en prétendant qu'il
n'a ni le temps ni le talent de mener à bien une pareille
tâche. « Si, si, » s'écrient à la fois Dietrich et ses convives, et on se lève et l'on boit au succès du nouveau
chant de guerre.

Il était minuit quand on se sépara. Rouget de Lisle
regagna la petite chambre qu'il occupait, 7, rue de la
Mésange. Là, le cœur tout plein de ce qu'il venait de
voir et d'entendre, la tête en feu, il allait et venait, médi-
tant, quand tout d'un coup il saisit son violon, prélude
par des coups d'archet saccadés et nerveux, puis, chan-
tant et jouant, il improvise :

« L'ennemi est à la frontière, il a déployé son drapeau, il envahit le pays, ravage et tue, n'épargnant ni
les femmes ni les enfants. Aux armes ! aux armes !

« La France, asservie depuis longtemps, a reconquis
sa liberté ; elle est maîtresse de sa destinée· et on veut
lui courber de nouveau la tête ! Aux armes ! aux armes !

« Nous sommes les maîtres chez nous, nous nous gou-
vernons à notre gré, et des étrangers feraient de nous
des esclaves, nous subirions leurs lois ! Aux armes !
aux armes !

« Émigrés qui amenez l'ennemi sur le sol de la patrie,

craignez le châtiment que vous avez mérité : nous nous levons tous. Aux armes ! aux armes !

« Mais, soldats, soyez généreux. Parmi ceux que vous allez combattre, il en est qui malgré eux vous font la guerre, épargnez-les ; quant aux Français qui déchirent le sein de leur patrie, pour eux point de pitié. Aux armes ! aux armes !

« La lutte sera terrible. Nous défendons la Patrie et la Liberté ; qu'elles viennent à notre aide. Aux armes ! aux armes ! (1) »

Et, épuisé, Rouget de Lisle tombe sur son lit. Le lendemain, quand il se réveille, il cherche et les strophes et l'air : il les retrouve, note l'air, écrit les paroles, et court les communiquer à un de ses amis, puis de là va chez le maire de Strasbourg.

Dietrich était à se promener dans son jardin. Rouget

---

(1) Voici les vers de Rouget de Lisle, dont nous n'avons voulu indiquer que les idées, l'enchaînement, le mouvement :

> Allons, enfants de la Patrie,
> Le jour de gloire est arrivé ;
> Contre nous, de la tyrannie
> L'étendard sanglant est levé.... (*bis*)
> Entendez-vous dans les campagnes
> Mugir ces féroces soldats ?
> Ils viennent jusque dans vos bras
> Égorger vos fils, vos compagnes.

> Aux armes ! Citoyens ! formez vos bataillons,
> Marchez (*bis*), qu'un sang impur abreuve vos sillons.

lui présente le Chant de guerre. A première vue : « Point
de milieu, dit le maire, c'est bon ou très mauvais, » et,
suivi de Rouget de Lisle, il vient l'essayer sur un cla-
vecin de Silberman.

Tout d'abord le caractère de cette musique étrange,
pleine de mouvement et de flamme, le frappe ; il fait
demander à sa femme de descendre au salon, et, accompagné par elle, de sa belle voix de ténor, il chante
l'hymne.

Dès l'abord Dietrich et sa femme sont saisis : paroles,
rythme, air, tout les entraîne, et, voulant faire partager
ce qu'ils éprouvent, ils envoient prier à déjeuner les
convives de la veille : le maire a une bonne nouvelle à
leur annoncer. Tous accourent, pensant que c'est déjà
un succès que nos armes ont remporté.

Que veut cette horde d'esclaves,
De traîtres, de rois conjurés ?
Pour qui ces ignobles entraves,
Ces fers dès longtemps préparés ? (*bis*)
Français ! pour vous.... Ah ! quel outrage !
Quels transports il doit exciter !...
C'est nous qu'on ose méditer
De rendre à l'antique esclavage !...

Aux armes ! Citoyens ! etc.

Quoi ! des cohortes étrangères
Feraient la loi dans nos foyers ?
Quoi ! des phalanges mercenaires
Terrasseraient nos fiers guerriers ? (*bis*)

Ils pressent Dietrich de questions, mais lui garde le silence. Enfin, au dessert, quand le champagne commence à couler, Dietrich entonne le chant.

Les convives écoutent d'abord avec recueillement, mais dès la seconde ou la troisième strophe, en'evés, tous ensemble reprennent le refrain.

On baptisa l'hymne : *Chant de guerre pour l'armée du Rhin*, et Rouget de Lisle le dédia à Luckner.

De Strasbourg, le Chant de guerre se répandit vite.

Grand Dieu ! par ces mains enchaînées
Nos fronts sous le joug se ploieraient !
De vils despotes deviendraient
Les maîtres de nos destinées !

Aux armes ! Citoyens ! etc.

Tremblez tyrans, et vous perfides,
L'opprobre de tous les partis,
Tremblez, vos projets parricides
Vont enfin recevoir leur prix !... (*is*)
Sous l'étendard de la Patrie,
Nous volerons tous aux combats ;
La liberté conduit nos bras.
C'est son amour qui nous rallie.

Aux armes ! Citoyens ! etc.

Français, en guerriers magnanimes,
Portez ou retenez vos coups ;
Épargnez ces tristes victimes,
A regret s'armant contre nous !... (*bis*)

Deux mois à peine s'étaient écoulés qu'il était arrivé dans le midi de la France. Lorsque le bataillon de fédérés appelé à Paris par Barbaroux pour la révolution du 10 août partit de Marseille, il l'emporta avec lui, et c'est au Chant de l'armée du Rhin que les Tuileries furent assaillies et la royauté renversée. Mais dès lors il changea de nom, et l'histoire ne l'appelle plus que la *Marseillaise.*

Mais le despote sanguinaire,
Mais les complices de Bouillé,
Tous ces tigres qui, sans pitié,
Déchirent le sein de leur mère !

Aux armes ! Citoyens ! etc.

Amour sacré de la Patrie,
Conduis, soutiens nos bras vengeurs....
Liberté, Liberté chérie,
Combats avec tes défenseurs ! (*bis*)
Sous nos drapeaux que la victoire
Accoure à tes mâles accents;
Que tes ennemis expirants
Voient ton triomphe et notre gloire !...

Aux armes! Citoyens! etc.

6

CHAPITRE II

Custine en Allemagne. — Siège et capitulation de Mayence.

Biron avait remplacé Luckner. Il avait sous ses ordres Custine.

Philippe-Adam, comte de Custine, était originaire de Metz. A sept ans, il faisait, à côté de son père, la campagne des Pays-Bas sous le maréchal de Saxe, et assistait à la prise de Maestricht. A vingt et un ans, il était nommé colonel de dragons, se rendait à Vienne et à Berlin pour y étudier les manœuvres introduites dans les armées par Lascy et Frédéric, puis s'embarquait avec Rochambeau et allait en Amérique combattre pour la liberté. A son retour en France, élu député de la noblesse aux États généraux, il se réunissait, l'un des premiers de son ordre, aux représentants du Tiers, et assurait le succès de la Révolution. Il venait d'être envoyé à l'armée du Rhin.

Custine avait alors 52 ans.

Grand, robuste, à l'allure martiale, à la voix tonnante, il était aimé des soldats, qui avaient confiance en lui. Ambitieux et ardent, il ne cherchait qu'à entreprendre.

L'occasion se présenta. Les armées prussienne et autrichienne étaient entrées en campagne; elles marchaient vers nos frontières et avaient appelé à elles toutes les troupes qui pouvaient les renforcer. Les bords du Rhin étaient dégarnis. Custine concentre rapidement l'aile gauche qu'il commande, et de Landau il marche sur Spire. Quelques milliers d'Autrichiens qui y tenaient garnison sortent à sa rencontre. Custine les culbute, entre dans Spire avec eux, les accule au Rhin, et les oblige à mettre bas les armes. Il impose à Spire une contribution de guerre, et marche sur Worms. Worms lui ouvre ses portes. Le 18 octobre, il paraît devant Mayence.

Mayence, entourée de remparts, peut se défendre. Custine fait préparer l'assaut, envoie sommer la ville, fait agir les influences qu'il a dans la place, et le gouverneur, intimidé, capitule.

Francfort, la ville des juifs et des banquiers, n'est qu'à deux pas. Custine y court, s'en empare et lui fait payer une taxe de 2 millions de florins. Là s'arrêtent ses exploits.

Pendant que Custine entrait ainsi audacieusement en Allemagne, l'armée prussienne qui avait envahi la Champagne, arrêtée à Valmy par Dumouriez et Kellermann, battait en retraite. Si cette armée avait trouvé devant elle Custine bordant la rive droite du Rhin, si en même temps elle avait senti sur ses derrières Dumouriez et Kellermann la talonnant, elle se serait trouvée en péril. Heureusement pour elle, l'ardeur aventureuse de Custine l'avait entraîné dans une autre direction, et le roi de

Prusse put, sans être inquiété, repasser le fleuve à Coblentz; une fois de l'autre côté, il réorganisa son armée, franchit la Lahn, marcha sur Francfort, fit prisonnière la garnison que Custine y avait laissée, refoula les Français sur Mayence, passa de nouveau le Rhin à Bacharach, menaça Custine de le couper de la France, et Custine se hâta de se replier sur Landau. Le roi de Prusse, laissant Brunswick et Wurmser pour le contenir, revint sur Mayence et cerna la place.

22,000 Français y étaient renfermés. C'étaient pour la plupart des soldats novices qui, à l'appel de la patrie en danger, s'étaient élancés des départements frontières : de la Lorraine, de la Franche-Comté et de l'Alsace. Mais s'ils manquaient d'expérience et n'avaient pas encore l'aplomb que donne la discipline unie à la pratique de la guerre, ils débordaient de patriotisme. Grâce à l'ardeur qui les animait, ils allaient vite acquérir les qualités qui font les vaillants. D'ailleurs, ces bataillons de volontaires étaient bien commandés. La plupart de leurs chefs étaient des officiers jeunes encore, qui avaient servi, mais qui, rebutés par les obstacles que l'ancien régime multipliait devant les roturiers, avaient quitté leurs corps. Ils rentraient avec joie dans les rangs, du moment que le pays avait besoin d'eux, et que s'ouvrait, libre d'entraves, la carrière de leur choix.

A côté de ces conscrits, il y avait de vieux soldats qui appartenaient aux régiments de l'ancienne armée. Ils en portaient encore l'uniforme, et étaient habillés de drap blanc, tandis que les volontaires étaient habillés de drap bleu. Cette différence dans le costume, qui servait à les distinguer, était une cause de rivalité entre eux; mais cette rivalité ne dégénéra jamais en sentiments hostiles : tout au contraire, elle excita une émulation qui tourna au bien du service.

Mayence est assise sur la rive gauche du Rhin. Un pont de bateaux la relie à Cassel, sur la rive droite. Protégée par un double mur d'enceinte, par des bastions, des redoutes, la citadelle au sud, le fort de Haupstein au nord, Mayence était déjà très forte. Doyré, vieil officier du génie, ajouta de nouveaux ouvrages aux anciens; il la rendit presque imprenable. Il arma l'enceinte de tous les canons de bronze et de fer trouvés dans la place, il en fit venir de l'arsenal de Strasbourg, et autant qu'il put les approvisionna des munitions nécessaires pour soutenir un siège.

Mais Cassel était ouvert : on confia la défense de ce faubourg à Meunier. C'était un des plus habiles et des plus savants ingénieurs que la France ait eus. Il n'avait pas 20 ans que déjà il se faisait remarquer par des mémoires où il traitait des questions de mathématiques de l'ordre le plus élevé. A 30 ans, il entrait à l'Académie des sciences, et dès lors il attirait sur lui l'attention par des découvertes nombreuses et variées. Il trouvait le moyen de rendre potable l'eau de mer, il décomposait l'eau ordinaire en ses éléments, inventait une nouvelle espèce de lampe, s'occupait des aérostats, les construisait à peu près comme maintenant, et, tout à l'origine, leur faisait faire de tels progrès qu'il arrivait presque à trouver ce que l'on cherche encore, le moyen de les diriger. En même temps, il jetait les assises de

6.

la digue de Cherbourg, aidait le ministre de la guerre Servan à organiser nos armées et leur traçait des plans de campagne. Meunier venait d'être envoyé à l'armée du Rhin comme général de division. Il s'attacha à Cassel, couvrit ce faubourg de fossés, de redoutes, de remparts, d'ouvrages avancés, et, en quelques mois, fit si bien qu'il fallut à l'ennemi toute une armée pour l'investir et l'assiéger.

Les troupes étaient sous les ordres d'Aubert-Dubayet et de Kléber.

Aubert-Dubayet allait continuer l'œuvre de Custine, organiser, discipliner l'armée de Mayence ; mais c'était Kléber surtout qui devait la mener au feu et la tremper dans les épreuves de la guerre.

Kléber, originaire de Strasbourg, avait fait ses études militaires à l'École de Munich et était entré au service de l'Autriche ; mais après huit ans d'attente, n'y obtenant aucun avancement, il l'avait quitté et était revenu en Alsace où il exerçait la profession d'architecte.

En 1791, il était parti de Belfort à la tête d'un bataillon de volontaires, et maintenant il commandait le camp retranché adossé aux remparts de Mayence.

Deux représentants du peuple, deux conventionnels en mission à l'armée du Rhin, s'étaient enfermés avec l'armée. Ils allaient devenir l'âme de la défense. Rewbell prit en main l'administration et Merlin de Thionville se fit le centre de l'autorité militaire. Tandis que Rewbell préparait d'immenses approvisionnements pour nourrir la population civile et la garnison, réunissait du blé, du vin, faisait abattre et saler bœufs, vaches, moutons, même des chevaux que, faute de fourrage, l'on croyait

ne pas pouvoir nourrir ou que l'on ne jugeait pas nécessaires pour porter les cavaliers ou traîner les canons,
Merlin faisait visiter les caves des maisons, recueillir le
salpêtre, fabriquer de la poudre, confectionner des cartouches pour les fusils, des gargousses pour les pièces,
et tous les deux parcouraient les remparts et le camp,
allaient dans les clubs, parlaient aux soldats, aux habitants, et faisant sans cesse résonner les mots de Patrie
et de République, échauffaient, exaltaient et montaient
les enthousiasmes jusqu'à l'héroïsme.

Cependant l'armée ennemie s'établissait sur les
hauteurs et dans les villages qui entourent la place.
50,000 Prussiens et Autrichiens étaient campés devant
Mayence; 10,000 Hessois bloquaient Cassel. Ils resser·
raient de plus en plus leur cercle de fer ; les Français voulurent le rompre. Le 11 avril, pendant la nuit, on sortit
en silence des retranchements de Cassel, et tandis que
Meunier marchait sur le village de Costheim, près du
Mein, Kléber descendait le Rhin du côté de Biberich :
on allait faire effort aux deux extrémités des lignes trop
étendues des Allemands, les prendre à revers et les
bouleverser. Malheureusement, un coup de fusil partit
de l'une des colonnes, le trouble se répandit parmi les
soldats novices, et le désordre dégénérait en panique;
mais Kléber, par son énergie et sa fermeté, maintint ses
soldats et couvrit la retraite.

A quelque temps de là, pendant la nuit encore, on
résolut de tenter un coup d'audace. 6,000 hommes,
sous le commandement d'Aubert-Dubayet et de Kléber,
sortirent du camp retranché de Mayence, et marchèrent

droit sur Marienborn, où le roi de Prusse avait établi son quartier général.

Déjà les Français étaient entrés dans les lignes, avaient franchi les retranchements, rempli les fossés, encloué les canons, étaient arrivés à la tente du roi de Prusse, lorsque l'éveil fut donné. Des troupes accoururent de tous côtés, et Kléber, presque entouré, fut obligé de se retirer en combattant.

Au même moment, Meunier attaquait les îles placées à l'embouchure du Mein, dont il avait plus d'une fois déjà tenté de s'emparer, égorgeait les soldats allemands qui gardaient les redoutes, était à son tour assailli par l'ennemi, et, sur le point d'être accablé par des forces supérieures, abandonnait les îles qu'il venait de conquérir. Merlin, son ami, l'accompagnait dans cette expédition ; suivant ses goûts, il pointait les canons. Il venait de faire sauter un des magasins à poudre de l'ennemi, quand un biscaïen fracassa le genou de Meunier. Merlin le releva et le fit transporter dans son hôtel. Pendant un mois, il le soigna avec la tendre affection et le dévouement d'un frère ; mais, à la suite de l'amputation, la gangrène se mit dans la plaie ; Meunier mourut.

Meunier était aussi connu des Prussiens que des Français. Tous admiraient le savoir, l'habileté de l'ingénieur, la vaillance du soldat. Quand il apprit sa blessure, le roi de Prusse lui envoya les adoucissements et les remèdes que l'on ne pouvait se procurer dans une ville assiégée. Le jour de ses funérailles, par un accord tacite, il y eut trêve entre les deux armées, et quand l'armée française en deuil rendit les derniers devoirs à son jeune général,

transporta son corps au delà du Rhin et le déposa à la
pointe de Cassel, dans l'un des bastions qu'il avait élevés,
aux salves de nos fusils et de nos canons, répondirent,
en l'honneur de Meunier, les salves de l'ennemi.

C'était, en effet, entre les deux armées, qui, une fois
aux prises, se combattaient avec tant d'acharnement, un
échange fréquent de courtoisie et de procédés chevale-
resques.

Un jour, dans une rencontre, Merlin serre de près le
prince Louis de Prusse. Il va l'atteindre, quand un colonel
ennemi se jette à la traverse. Il reçoit le coup de pointe
destiné au prince, et tombe. Merlin le recueille, le soigne,
le guérit et le renvoie au roi de Prusse sous la sauvegarde
d'un chirurgien.

Une autre fois, Marigny, l'un des plus hardis officiers
de l'armée, et Merlin, rencontrent non loin des glacis une
patrouille prussienne. On échange des coups de pistolet,
sans résultat. Alors Marigny provoque en combat singu-
lier l'officier qui la dirige. C'était un des principaux
chefs, qui faisait une reconnaissance. Mais pourquoi, au
lieu de s'entre-tuer, ne se verrait-on pas en amis? et
l'officier s'avance vers Marigny, la main tendue. Marigny
va à lui, reçoit et rend l'étreinte, et l'on cause. Le Prussien
plaisante sur la pauvre chère que l'on doit faire dans
une ville assiégée. Marigny et Merlin protestent. Ils veulent faire croire à l'officier qu'il se trompe, que dans
Mayence les Français ne manquent de rien, et ils le con-
vient à un déjeuner avec ceux de ses amis qu'il choi-
sira. Jour pris, on se réunit à la même place, dans un
champ bouleversé par les bombes et labouré par les

boulets. La cuisine française s'est piquée d'honneur.
Eu égard aux ressources dont elle dispose, elle a fait
merveille. Le repas est succulent; une franche gaieté
l'anime; quelques bouteilles de vin de Champagne
oubliées par Custine l'excitent encore.

L'état-major français est mêlé à l'état-major de l'armée prussienne. Le prince royal est à côté de Rewbell,
Merlin est auprès du prince Louis; Kalkreuth et le duc
de Weimar causent guerre et combat avec Doyré, Aubert-
Dubayet et Kléber. En même temps, les deux escortes
se traitent : les chasseurs français trinquent avec les
hussards prussiens; les vedettes elles-mêmes se mettent
de la partie. Le repas fini, on joue à la course, on lutte
à l'escrime, s'amusant du mieux que l'on peut, comme
si l'on était à cent lieues de Mayence et en pleine paix.
Mais dès le lendemain, en avant de Mayence, autour de
Cassel, les combats recommençaient.

Tout à l'origine du siège, on avait choisi dans la garnison les plus habiles tireurs, les plus habiles cavaliers,
et on en avait formé deux corps d'élite, la *légion des
Francs* et les *chasseurs de Cassel*. Entre les braves, ils
étaient les plus braves, et c'était au milieu d'eux que
vivait et que combattait Merlin. De jour et de nuit, ils
étaient aux aguets et prêts à agir. Sans cesse ils escar-
mouchaient, faisaient le coup de feu ou le coup de sabre,
et amorçaient la lutte. Merlin, à leur tête, se jetait dans
la mêlée, le sabre à la main, ou bien, quand l'occasion
le voulait, il descendait de cheval, et pointait les pièces
de l'artillerie légère. De jour ou de nuit, qu'une affaire
s'engageât, il y était; on le reconnaissait au costume

d'artilleur qu'il portait toujours, et surtout au chapeau
sur lequel flottait le panache aux trois couleurs du représentant du peuple. Il apparaissait à tous les regards, il
bravait tous les coups. Les Allemands, qui le voyaient partout et toujours invulnérable, l'appelaient le *Diable de feu.*

Quand l'affaire était grave, Merlin envoyait un aide
de camp, et Kléber amenait les troupes du camp retranché.
Alors apparaissait, dominant l'armée, cette belle et
large figure dont l'œil s'illuminait à l'aspect du danger,
et dont le sang-froid imperturbable inspirait à tous séré-
nité et confiance.

Suivant les circonstances, l'action s'étendait ou se
restreignait. Kléber en était juge et en prenait la direction.

Deux points surtout étaient l'objet des efforts achar-
nés des deux partis : d'une part, le village de
Weissenau, et la redoute que Merlin avait fait établir
dans le couvent voisin ; et, de l'autre, les îles à l'embouchure du Mein.

Les Allemands voulaient mener leurs travaux d'approche dans la direction du front sud de la place et de
la vieille citadelle de Mayence. La redoute de Weissenau,
que l'on appelait aussi la redoute de Merlin, les prendrait en flanc et les arrêterait. Dès le 16 avril, au début
du siège, ils avaient écrasé le village sous les bombes et
les boulets, l'avaient enlevé lorsqu'il n'était plus qu'une
ruine, et avaient voulu en déboucher pour se rendre
maîtres du couvent au delà et de la redoute de Merlin
qui y touchait. Mais Merlin la défendait ; appuyant ses
canons dans le cimetière, sur les tombes des nonnes, il

reçut l'ennemi de façon à décourager de quelque temps une autre tentative.

Vers la fin de juin, les Allemands revinrent à la charge, accablant de nouveau sous les bombes et les boulets le couvent de Weissenau et la redoute de Merlin. Les travaux sont bouleversés, la redoute est éventrée, on ne peut plus tenir sous le feu qui la dévaste ; il semble que le moment soit venu de l'abandonner. Mais Merlin trouve que l'honneur de son nom y est attaché, et il court à un groupe de patriotes mayençais, il leur parle, et ces bourgeois armés de pioches suivent Merlin à la redoute, et avec lui travaillent, sous le feu, à fermer les brèches. Mais quoi qu'ils fassent, de nouvelles s'ouvrent, les Allemands s'élancent à l'assaut et s'établissent dans la redoute. Merlin se précipite vers la légion des Francs : « Trente hommes pour mourir avec moi ! » s'écrie-t-il. Cinquante se présentent. Avec Merlin, ils se jettent tête baissée sur l'ennemi et le chassent de la redoute. Il revient en force et y rentre. Il en est une seconde fois repoussé. Il y rentre une troisième fois, et s'y fortifie ; il n'est plus possible de l'en débusquer. C'est avec désespoir que Merlin la lui abandonne.

A l'embouchure du Mein, les Français cherchaient à enlever les îles où les Allemands s'étaient établis, d'où leurs boulets, passant par-dessus le camp retranché de Cassel, allaient tomber jusque dans le faubourg, et d'où ils pouvaient lancer des bateaux incendiaires qui rompraient le pont ou y mettraient le feu.

C'était dans une première attaque contre ces îles que Meunier avait reçu au genou la blessure dont il était mort. Jordy, après lui, reprit la tâche. Par une nuit obscure, il traversa le Mein en silence, aborda sans bruit, surprit les Hessois, en égorgea ou prit 400, encloua les canons et rentra sans pertes dans le camp.

Quelques jours après, l'ennemi s'emparait de Costheim. Jordy y conduit aussitôt ses troupes, attaque les Allemands à la baïonnette et les chasse du village. Ils y rentrent, et en deviennent de nouveau les maîtres ; Jordy y ramène ses soldats, culbute les Hessois et leur prend un drapeau qu'il plante sur le rempart de la redoute. L'ennemi veut reconquérir ce drapeau, il se rue sur les Français. Jordy, dans la mêlée, reçoit un coup de baïonnette qui lui perce les deux joues ; néanmoins il tient bon, et, d'un dernier effort, il rejette les Allemands du village de Costheim inondé de sang et jonché de morts et de mourants.

Un peu plus tard, les Français célébraient le 14 juillet. Les Allemands, croyant qu'ils s'oublieraient à la fête, s'approchèrent sans bruit, pendant la nuit, de la redoute de Mars et essayèrent de la surprendre ; Jordy veillait. Il les laissa s'avancer à bonne portée, et tout d'un coup fusils et canons les couvrirent de mitraille, et 1200 Allemands restèrent étendus au pied de la redoute ; le reste s'enfuit.

La lutte, déjà si animée, allait prendre un caractère d'acharnement. Le roi de Prusse avait demandé à la Hollande un parc de siège, et le parc avec ses munitions, embarqué sur le Rhin, venait d'arriver. Les travaux d'approche contre la place avaient aussitôt commencé, et les parallèles avaient été ouvertes. Les assiégés avaient fait des sorties, culbuté les grand'gardes, bouleversé les travaux; mais des pièces à longue portée braquées sur eux les avaient accablés, et, après de grandes pertes, les avaient obligés à rentrer dans l'enceinte. Les Prussiens avaient réparé le dommage, achevé leurs tranchées, et enfin mis en position 52 mortiers et plus de 150 canons. En même temps, des batteries flottantes remontaient et descendaient le Rhin pour battre le pont de Cassel et les remparts qui bordaient les quais.

Avant de mettre en œuvre ces puissants moyens de destruction, les Prussiens avaient essayé plus d'une fois d'amener les Français à capituler. Un jour, c'était un capitaine français fait prisonnier qui se présentait aux avant-postes. Il apportait, disait-il, un billet par lequel Custine engageait la garnison à se rendre, à la condition de rentrer en France. Par la voix de ses chefs, la garnison renvoyait ignominieusement ce messager, et déclarait qu'elle mourrait plutôt que de céder Mayence.

Un autre jour, dans un de ces pourparlers qui s'établissaient assez fréquemment entre assiégeants et assiégés, on insinuait à nos soldats qu'ils n'avaient point de secours à attendre, que Custine et l'armée du Rhin, sur lesquels ils comptaient pour les délivrer, avaient été battus et refoulés sur Strasbourg; ou bien on leur faisait croire que tout le sang qu'ils versaient était du sang perdu; que Dumouriez, vaincu en Belgique, avait fait cause commune avec les coalisés, qu'il avait marché sur Paris, culbuté la Convention, et, à la

place de la République, rétabli le fils de Louis XVI et la
royauté; en preuve, ils donnaient à nos soldats des
journaux, de faux *Moniteurs*, imprimés à Francfort, qui
contenaient ces nouvelles désespérantes. Ils pensaient
ainsi ruiner leur foi, abattre en eux toute force, toute
confiance, toute vigueur.

Si étroitement bloqués qu'ils fussent, les soldats de
Mayence comptaient qu'on ne les abandonnerait pas;
ils espéraient toujours des nouvelles; ils tendaient des
filets au travers du Rhin, et ils les levaient tous les
jours, s'attendant à y recueillir une bouteille, une boîte
dans lesquelles, de Strasbourg, un message enfermé
viendrait dissiper leurs angoisses patriotiques, et
c'étaient des déceptions continuelles. Malgré ces déceptions, leur cœur restait ferme, et ils repoussaient les
offres ou les avances de l'ennemi.

N'en pouvant venir à bout de cette manière, les
Prussiens eurent recours à la violence. Ils étaient à
portée; le 28 juin, toutes leurs batteries éclatèrent sur
Mayence.

Sous cette épouvantable pluie de fer et de feu, les
habitants qui se risquaient dans les rues étaient presque
tous atteints. On n'était guère plus en sûreté dans les
maisons. Les bombes crevaient les toits, traversaient
les planchers, et venaient jusqu'au foyer tuer ou blesser
de leurs éclats. On ne trouvait d'abri que dans les
caves, et l'on s'y réfugiait. Mais là encore on était menacé de mort. Le feu prenait, les murs croulaient, les
maisons s'effondraient, et les malheureux habitants
étaient ensevelis vivants sous les décombres.

Au fort du danger, chefs et soldats continuaient à faire leur devoir. Aubert-Dubayet, Kléber, tous donnaient l'exemple. Merlin était au milieu d'eux, encourageant, raffermissant, soutenant, et au besoin, quand un artilleur était tué sur sa pièce, prenant sa place. Rewbell, lui, visitait les hôpitaux, parcourait les rues, maintenait le calme au milieu d'une population que les maux qu'elle endurait commençaient à exaspérer.

Cependant le bombardement de Mayence, la destruction d'une ville allemande, était devenue pour les Allemands eux-mêmes une curiosité pleine d'attraits. De Spire, de Worms, de Manheim, de Francfort surtout, ils y étaient accourus comme à un spectacle, et, attablés sur les hauteurs, ils contemplaient, mangeant et festinant. Quand une bombe bien dirigée tombait sur un monument, faisait sauter une poudrière ou un magasin de cartouches, c'étaient des bravos enthousiastes. Le 29 juin, une des tours de la cathédrale brûlait aux applaudissements de ces charitables compatriotes; le 30, c'était l'église Notre-Dame qui croulait; un autre jour, les belles tours gothiques des remparts, et enfin la cathédrale tout entière, avec ses deux dômes, l'orgueil de Mayence, la sévère tiare de Grégoire VII et la tiare splendide de Boniface VIII, prenaient feu aux hurrahs prolongés des spectateurs.

La moitié de la ville n'offrait plus qu'un monceau de ruines : 600 maisons avaient été incendiées.

Aux horreurs du bombardement allaient se joindre les horreurs de la faim. Les vivres s'épuisaient. Il y avait encore du blé, mais on ne pouvait plus le con-

vertir en farine. Les moulins établis sur le Rhin avaient
été brûlés par les chaloupes canonnières. Pour en tenir
lieu, on avait essayé de construire des moulins à bras;
mais outre que ces moulins ne produisaient qu'une mé-
diocre quantité de farine, les Prussiens, comme s'ils
eussent été avertis de l'emplacement qu'ils occupaient,
ne cessaient d'y faire tomber leurs bombes, et c'était le
sabre à la main et de force qu'il fallait y retenir les
ouvriers.

Le vin ne faisait pas défaut, mais la viande manquait. La livre de cheval mort se vendait 2 fr. 25 c.; un
chat, 6 francs. Un jour Aubert-Dubayet invita son état-
major et lui fit faire un extra : il lui servit un chat entouré de douze souris, sur une purée d'avoine. Les gens
du peuple faisaient cuire des semelles de souliers qu'ils
partageaient en lanières très minces et qu'ils essayaient
de manger, ou bien ils faisaient bouillir de l'huile de
poisson et y mêlaient des herbes qu'ils allaient chercher
sur les remparts. A la fin, ne résistant plus à tant de
privations et de misères, des vieillards, des femmes,
des enfants, au nombre de deux à trois mille, allèrent
demander à Doyré de les laisser sortir de la place. On
leur ouvrit les portes de Cassel, et ils se dirigèrent vers
les lignes allemandes; mais leurs compatriotes leur si-
gnifièrent de ne pas les passer, et appuyèrent leur dé
fense de quelques coups de canon à boulet. Toute cette
foule effarée se replia sur Cassel, suppliant qu'on la
reçût; mais les règlements militaires l'interdisaient for-
mellement, et ces malheureux restèrent entre les deux
armées, exposés aux coups. Ils y restèrent tout une nuit

sous une pluie glaciale. Aubert-Dubayet, dont le cœur souffrait de commisération, voulait provoquer en duel le commandant allemand; Merlin donna l'ordre aux chasseurs de Cassel de sortir comme pour une expédition, et au retour chacun des cavaliers rapporta en croupe une femme ou un enfant. Le conseil de guerre approuva ce qu'avait fait Merlin, et, au risque d'en pâtir et d'en faire pâtir la garnison, permit d'ouvrir les portes du faubourg à ceux des Mayençais qui étaient encore en dehors des remparts.

Cependant les munitions aussi touchaient à leur fin. Il n'y avait presque plus de boulets pour les pièces de 16, ni de bombes pour les mortiers. Le conseil de guerre se réunit. Fallait-il continuer la lutte, au risque d'être acculé au moment où, sans moyens de se défendre, sans moyens de vivre, on serait forcé, bon gré malgré, de capituler, et contraint par la nécessité de ivrer prisonniers à l'ennemi 18,000 soldats vaillants, aguerris, les meilleurs qu'eût alors la République; ou ne valait-il pas mieux profiter de ce que l'on était encore redoutable pour traiter?

D'ailleurs la résistance n'avait-elle pas été honorable? On avait tenu l'ennemi en échec pendant près de quatre mois; on l'avait attaqué plus souvent que lui-même n'avait osé le faire; on lui avait tué plus d'hommes peut-être que la garnison ne comptait de soldats; l'armée de Mayence avait perdu 500 des siens et comptait 1900 blessés. Il y avait dans ces chiffres de quoi répondre aux plus exigeants; mais en vue de quel espoir prolonger la défense? Croyait-on être délivré, et délivré

à temps? Pendant trois mois on avait compté sur une
armée de secours, et, pendant trois mois, ni l'armée du
Rhin, ni l'armée de la Moselle, n'avaient paru se souvenir de la garnison enfermée dans Mayence. Elles
n'avaient rien tenté pour la sauver; elles ne lui avaient
pas même donné des nouvelles qui auraient pu du moins
soutenir en elle la force morale. L'armée de Mayence,
abandonnée, n'avait plus à compter que sur elle-même.

Le conseil décida qu'il y avait lieu d'entrer en arran-
gement avec l'ennemi. Le roi de Prusse ne fut pas dur
pour les conditions. Il permit à nos soldats de sortir
de la place avec les honneurs de la guerre et de rentrer
en France, à la condition de ne point servir d'une
année contre les alliés.

Le 25 juillet 1793, les 17,308 hommes valides qui
restaient quittèrent Mayence, en trois colonnes, et défilèrent devant le roi de Prusse. A mesure qu'ils passaient devant lui, Frédéric-Guillaume disait un mot
d'éloge aux chefs et saluait les soldats.

Gœthe, le grand poète allemand, était alors attaché
à l'état-major du roi de Prusse. Voici le tableau que,
dans ses *Mémoires*, il a tracé des soldats de Mayence :
« Des cavaliers prussiens ouvraient la marche; la garnison française suivait. Une colonne de Marseillais,
petits, noirs, bariolés, déguenillés, s'avançait à petits
pas. Ensuite venaient les troupes régulières, sérieuses
et mécontentes, mais nullement abattues ni humiliées.
L'apparition la plus frappante fut celle des chasseurs à
cheval. Ils s'étaient avancés jusqu'à nous dans un com-
plet silence : tout à coup leur musique fit entendre la

Marseillaise.. Ce *Te Deum* révolutionnaire a quelque
chose de menaçant, même lorsqu'il est vivement exécuté. L'effet fut saisissant et terrible, et le coup d'œil
imposant quand les cavaliers, qui étaient tous de
grande taille, maigres et d'un certain âge, et dont la
mine s'accordait avec ces accents, passèrent devant
nous. — Une troupe attira particulièrement l'attention :
c'était celle des commissaires. Merlin de Thionville, en
habit de hussard, remarquable par sa longue barbe et
son regard sauvage, avait auprès de lui un personnage
habillé comme lui. Le peuple voulait se jeter sur eux.
Merlin s'arrêta, fit valoir sa dignité de représentant du
peuple français, la vengeance qui suivrait toute insulte.
Il conseilla la modération, « car ce n'est pas la der-
« nière fois que vous me voyez ici », dit-il. La foule
demeura interdite, pas un ne branla. »

La garnison de Mayence rentrait en France; mais
elle y rentrait triste. La place qu'elle devait défendre,
elle avait été obligée de la rendre. Cependant, en ap-
prochant de Sarrelouis, elle rencontre toute la population qui vient au devant d'elle et présente à Aubert-Dubayet une couronne de chêne. Cet accueil console un
peu et relève de braves soldats malheureux. Mais le
lendemain, à peine sont-ils entrés dans la ville, que des
gendarmes viennent arrêter chez eux Aubert-Dubayet
et Kléber : ordre de la Convention. Les troupes indi-
gnées veulent les délivrer. Aubert-Dubayet et Kléber
sont obligés d'intervenir pour contenir leurs soldats et
faire respecter la loi.

A Metz, c'est un autre affront qui attend les Mayençais : on leur refuse l'entrée de la ville ; ils camperont sur le polygone. Mis hors d'eux par ce traitement outrageant, ils ne se contiennent plus, ils entrent de force dans Metz, courent à l'hôtel de ville, et vont tout piller, tout saccager, lorsque Beaupuy, l'un des chefs qu'on leur a laissés, parvient à les apaiser.

Cependant Merlin court à Paris, à la Convention. Il y paraît dans le costume qu'il portait sur les remparts de Mayence, avec son habit de canonnier, usé, poudreux, son chapeau bardé de fer, son panache et son sabre. Tout d'abord la longue barbe qui lui couvre la figure empêche qu'on le reconnaisse ; mais bientôt on s'écrie : « C'est Merlin! » et tous se précipitent vers lui : on lui serre les mains, on l'embrasse, on le complimente ; le bruit courait que, désespéré de la capitulation et ne voulant pas y survivre, il s'était jeté dans le Rhin. Et en même temps il apprend que, quelques jours auparavant, sur le rapport des représentants du peuple à l'armée de la Moselle, la Convention a flétri la conduite des troupes de Mayence et ordonné l'arrestation de ses chefs et leur mise en jugement. A ces nouvelles Merlin est un instant attéré ; mais la séance s'ouvre. Danton, qui la préside, vient de s'asseoir au fauteuil. Merlin s'élance à la tribune, dit ce qui s'est passé à Mayence, les actes de courage et d'audace dont il a été le témoin, la fermeté des chefs, la discipline et la résignation des soldats pendant ce siège, ce bombardement, cette famine. « Qu'on me montre, s'écrie-t-il, qu'on me montre dans Mayence une place grande comme ce chapeau, où il fût possible de rester une heure seu-

7.

lement sans être atteint par les bombes ou les boulets, et je consens à monter à l'échafaud. » Après cette énergique protestation, il laisse à d'autres le soin de faire rapporter le décret inique rendu par la Convention, et descend de la tribune aux applaudissements unanimes de l'Assemblée.

Séance tenante, le décret qui flétrit l'honneur de l'armée de Mayence est annulé; on proclame que chefs et soldats ont bien mérité de la patrie; Merlin et Rewbell leur porteront ce témoignage de la reconnaissance nationale; ils feront mettre en liberté Aubert-Dubayet et Kléber, et tous ensemble iront dans l'Ouest étouffer l'insurrection de la Vendée.

CHAPITRE III

Les lignes de Wissembourg. — Saint-Just.
Hoche et Pichegru.

Refoulé sur Landau et les lignes de Wissembourg,
Custine avait commencé par réorganiser ses troupès. Il
commandait alors en chef l'armée du Rhin; Biron avait
été transféré à l'armée d'Italie. Après beaucoup d'hésitation, et pressé par les représentants du peuple de se
porter au secours de Mayence, il s'était mis en mouvement, avait mal combiné ses opérations et avait été
battu. Peu après, appelé au commandement de l'armée
du Nord, il avait été remplacé sur le Rhin par son chef
d'état-major.

Comme Custine, Alexandre de Beauharnais ne s'était
pas hâté, mais, sous l'action incessante des représentants, il avait fini par se concerter avec Houchard et
l'armée de la Moselle pour unir leurs forces, agir à
l'abri des Vosges, et par le Hundsruck essayer de
gagner Mayence. Il se mettait en mouvement quand il
apprit la capitulation de la place. Beauharnais devait
plus tard, ainsi que Custine, être rendu responsable de
son insuccès et le payer de sa tête.

Landremont avait succédé à Beauharnais, et peu après, Carlenc à Landremont.

Cependant les troupes qui avaient pris Mayence se rapprochaient et venaient se joindre à celles qui observaient les Français.

A cheval sur les Vosges, Brunswick et les Prussiens gardaient Pirmasens et le camp retranché de Kaiserslautern, tandis que Wurmser et les Autrichiens, dans la vallée du Rhin, bloquaient Landau et s'établissaient devant les lignes fameuses de Wissembourg. Plusieurs mois durant, ils cherchèrent le point faible de leurs adversaires, et enfin, vers le milieu d'octobre 1793, ils prononcèrent une attaque générale, forcèrent les lignes et rejetèrent l'armée du Rhin sur Strasbourg.

A la nouvelle de ce désastre, le Comité de salut public fit partir en poste deux de ses membres, Saint-Just et Lebas, avec des pouvoirs absolus, et les chargea de parer au danger. Ils arrivèrent à Strasbourg le 29 octobre.

L'armée du Rhin ne présentait plus que confusion et désordre. Ils prirent immédiatement des mesures. Carlenc était incapable : ils le destituèrent; il avait été mal secondé : Saint-Just et Lebas révoquèrent en masse ses officiers et renouvelèrent l'état-major. Les soldats étaient dénués de tout : les représentants en mission écrivirent à la municipalité : « Dix mille hommes vont nu-pieds dans l'armée : il faut que vous déchaussiez tous les aristocrates de Strasbourg dans le jour, et que demain, à six heures du matin, les dix mille paires de souliers soient en marche pour le quartier général. »

Ils réquisitionnèrent des chemises, des bas, des cu-
lottes, des pantalons, des vestes, des chapeaux, des
manteaux, des draps, des couvertures, du linge, et, en
quelques jours, ils vêtirent les soldats et pourvurent
les hôpitaux.

Les caisses de l'armée étaient vides. Les représentants
frappèrent les riches d'un impôt de 9 millions de francs.

La misère avait amené parmi les troupes la négligence et l'indiscipline. En présence de l'ennemi, elles
se gardaient mal, et toute une division venait d'être
surprise et mise en déroute. Saint-Just fit arrêter le
général qui la commandait et ses officiers, les traduisit
devant un conseil de guerre, et, condamnés, les fit fusiller. Et il ordonna que désormais, pendant la nuit,
les soldats, sous peine de mort, reposeraient tout
habillés. A quelque temps de là, voulant s'assurer que
l'on exécutait ce qu'il avait prescrit, il va, de grand
matin, dans l'un des camps voisins de Strasbourg. Il y
avait dans ce camp l'un de ses camarades de collège.
Il le fait demander. L'autre accourt en toute hâte : il
n'était pas complètement vêtu. Saint-Just l'embrasse et,
s'écartant de quelques pas : « Je suis doublement heureux, lui dit-il, d'avoir serré sur mon cœur un ami et,
en même temps, de pouvoir donner à l'armée un
exemple de discipline », et, lui faisant remarquer qu'il
a manqué aux prescriptions réglementaires, il le fait
conduire à la redoute où avaient lieu les exécutions et
le fait passer par les armes.

Après d'aussi atroces rigueurs, il n'y avait plus à
craindre que personne manquât à son devoir. L'armée

du Rhin, réorganisée, marcha à l'ennemi. Pichegru la commandait.

Né à Arbois, dans le Jura, il avait fait ses études au collège que les Minimes y dirigeaient. Les Minimes avaient voulu se l'attacher, et, un instant, il était entré dans leur ordre. Mais la vocation lui manquant, il avait jeté le froc et avait essayé de la vie libre. Il n'y avait trouvé que misère, et, pour vivre, il avait été heureux de reprendre l'habit. Envoyé comme répétiteur à l'École militaire de Brienne, il s'était engagé dans un régiment d'artillerie en qualité de sergent, avait fait la guerre d'Amérique et était adjudant au moment de la Révolution. Il présidait la Société populaire de Besançon, quand un bataillon de volontaires du Gard passe par cette ville. Le commandant tombe malade et meurt. Pichegru s'offre; il est accepté, et part pour la frontière à la tête de ses nouveaux soldats. Les représentants le remarquent; Carlenc destitué, ils le mettent à sa place. Pichegru avait 32 ans.

L'armée du Rhin, pour chasser les Allemands de l'Alsace, devait agir d'accord avec l'armée de la Moselle. Hoche en était le chef. Lui n'avait que 25 ans. Comme Pichegru, il n'avait encore aucune réputation. Kalkreuth faisait demander qui était ce nouveau général. « Je me ferai connaître à lui sur le champ de bataille, répond Hoche; jusque-là, qu'on ne corresponde avec les Prussiens qu'à coups de canon. »

Mais déjà sa haute taille, sa bonne mine, sa belle figure, avaient prévenu ses soldats en sa faveur; l'un d'eux publie dans un journal :

« Courage, défenseurs de la patrie ! nous allons sortir de notre engourdissement ; notre nouveau général m'a paru jeune comme la Révolution, robuste comme le peuple ; il n'a pas la vue myope comme celui qu'il vient de remplacer ; son regard est fier et étendu comme celui d'un aigle ; espérons, mes amis, il nous conduira comme des Français doivent l'être. »

Et, sans perdre de temps, Hoche se prépare à aller attaquer les Prussiens dans leur camp de Kaiserslautern, à les chasser de leurs retranchements, à franchir à leur suite les montagnes des Vosges, à tomber dans le flanc des Autrichiens tenus en échec par l'armée du Rhin, à les culbuter à leur tour et à débloquer Landau. Pendant trois jours, Hoche attaque les redoutes prussiennes : il ne peut les enlever ; il est obligé de reculer. Mais il ne se rebute pas. Moins ambitieux dans ses projets et dans les résultats qu'il en attend, il traverse les Vosges auprès de Bitche, marche sur les redoutes de Reischoffen, de Freischweiler, les prend, culbute l'ennemi des hauteurs de Werdt, le rompt à Sultz et fait sa jonction avec Pichegru. Investi du commandement général par les représentants Lacoste et Baudot, il dirige Desaix et la droite de l'armée du Rhin sur Lauterbourg, et, avec la gauche et l'armée de la Moselle, il monte à l'assaut du Geisberg, en débusque Autrichiens et Prussiens, les renverse sur la Lauter, sur la Querch, et enfin, le 28 décembre, apparaît sous les murs de Landau. Landau est délivré.

Dès lors, l'ennemi ne tient nulle part. Les Autrichiens repassent le Rhin ; Hoche suit les Prussiens, entre à leur suite à Spire, à Worms, et ne les quitte que quand il a vu le dernier d'entre eux se dérober derrière les remparts de Mayence.

A peine a-t-il achevé de remporter la victoire qu'on lui en dispute l'honneur. C'est le général en chef de l'armée du Rhin, c'est Pichegru, qui cherche à lui en enlever le mérite. De Landau, il écrit au ministre de la guerre : « Citoyen Ministre, je m'empresse de t'annoncer que Landau est débloqué; j'y suis depuis une heure. » Et, comme s'il confiait à un subordonné, à un chef d'état-major, le soin de rédiger le rapport de ce grand fait d'armes, il ajoute : « Le général Hoche te donnera des détails. »

Dès qu'il fut informé de cette outrecuidance de Pi. chegru, Hoche réclama : « Tu connaîtras que tu as été trompé, mande-t-il au ministre; que Pichegru n'a point commandé à Werdt, où il n'est resté qu'une demi-heure; qu'il n'était pas à Haguenau lorsque les troupes républicaines y sont entrées, puisque le même jour il m'écrivait d'Oberbron, à sept lieues de là, et qu'enfin il n'a pas été le 6 à la bataille de Wissembourg, puisque le 7 il était encore à Haguenau, à huit lieues en arrière. »

Et au Comité de salut public : « Je supplie le Comité de se faire représenter mes registres d'ordre et de correspondance et ceux du citoyen Pichegru, afin que celui qui commandait à Freischweiler soit connu, ainsi que le même qui commandait à Werdt, à la bataille de Sultz, à la bataille de Wissembourg et à la reprise des lignes; qui a ordonné la prise de Lauterbourg, celle

de Germersheim, Spire et Worms, la marche sur
Landau. »

Les représentants du peuple en mission intervinrent
dans la querelle. Lacoste et Baudot, qui n'avaient pas
quitté Hoche; qui, chaque jour, à chaque moment,
l'avaient vu délibérer, décider et agir, ne pouvaient
rester muets : ils élevèrent la voix, et enfin la vérité
s'établit. Mais Saint-Just et Lebas favorisaient Pichegru :
ils n'avaient pas vu sans contrariété leurs collègues lui
préférer Hoche pour le commandement des deux armées. Ils s'en souvinrent, et, de retour à Paris, ils enle-
vèrent Hoche à son armée pour le déporter à l'armée
d'Italie, et après l'avoir ainsi isolé et privé de tout
appui, le faire arrêter et amener dans les prisons de
Paris, tandis que Pichegru était appelé au commandement de la plus belle armée de la République, de
l'armée du Nord, avec laquelle il allait conquérir la
Hollande.

CHAPITRE IV

Blocus de Mayence. — L'hiver de 1795. — Pichegru de retour à l'armée du Rhin. — Sa trahison.

En 1794, les armées prussienne et autrichienne avaient repris l'offensive et repoussé les Français sur Kaiserslautern et Landau. Mais les victoires des armées de Sambre-et-Meuse et du Nord, Fleurus, l'Ourthe, la Roër, la conquête de la Belgique, des duchés de Clèves et de Juliers, la prise de Coblentz, les avaient ramenées en arrière. Wurmser avait repassé le Rhin, et les Prussiens étaient rentrés dans Mayence. Les armées de la Moselle et du Rhin les avaient suivis jusqu'aux remparts.

Kléber venait de s'emparer de Maëstricht. Les généraux devant Mayence, pensant que l'homme qui avait si bien défendu cette place en 1793 était le plus capable de la reprendre en 1794, le demandèrent au Comité de salut public.

Kléber leur fut envoyé en qualité de général en chef. Il arriva au camp le 1er décembre. Sans perdre de temps, il s'occupa de l'organisation des troupes, partagea ses 30 ou 35,000 hommes en trois corps, qu'il confia aux généraux Desaix, Saint-Cyr et Desbureaux, assigna à chacun sa position, prit des mesures d'ordre et de police, fortifia la discipline et établit une administration.

Les commissaires de la Convention auguraient bien de ces commencements, et espéraient que Kléber ne mettrait **pas plus de temps** à réduire Mayence qu'il n'en avait mis à prendre Maëstricht; mais **Mayence** n'était investie que d'un côté; une armée de 100,000 hommes la soutenait et était toujours prête à renouveler sa nombreuse garnison; de plus, on n'avait pas la première des choses nécessaires pour entreprendre un siège. En attendant des outils et un parc de grosse artillerie, Kléber voulait retirer ses troupes au pied des montagnes et les mettre en cantonnements. De cette manière on pourrait plus facilement leur procurer des vivres, et elles ne seraient pas accablées d'un service que le mauvais temps allait rendre de plus en plus pénible. Des grand'gardes suffiraient pour observer l'ennemi.

Les représentants décidèrent qu'on tracerait des lignes autour de Mayence, et qu'on y resterait; l'armée faillit y périr de misère.

Le grand Comité de salut public, celui qui, pour sauver la France en 1793 et 1794, n'avait pas craint de prendre à ceux qui restaient à l'intérieur de quoi nourrir ceux qui combattaient aux frontières, n'existait plus. Le comité qui l'avait remplacé, sans énergie, sans force, sans argent, sans crédit, laissait mourir de faim ses soldats. Il n'avait à leur donner que du mauvais pain, fait d'un peu de farine d'orge ou de seigle mélangée avec de la farine d'avoine ou de pois, et encore, ce pain repoussant, il ne pouvait le leur distribuer tous les jours. A l'armée de Mayence, les manutentions n'étaient qu'à quelques lieues en arrière, et pour faire ce trajet il fallait des journées. Les lourdes voitures, les mauvais temps, avaient défoncé les chemins; on était obligé d'atteler aux fourgons dix, quinze chevaux, et ils avaient de la peine à les tirer des ornières. A ce service, on eut vite usé les chevaux des entreprises; on requit ceux des paysans; ils succombèrent. On eut recours à ceux de l'artillerie; ils périrent aussi, et on y gagna de n'avoir plus d'attelages, même pour les pièces : les soldats furent obligés de les traîner eux-mêmes.

Cependant le pain manquait. Il n'en arrivait des voitures que de loin en loin, et les vivres qu'elles apportaient étaient fort insuffisants. Les soldats affamés allèrent au devant et les pillèrent. Il se forma des bandes de maraudeurs. On fut obligé d'envoyer de la cavalerie pour leur donner la chasse. Ils emportèrent leurs fusils et se défendirent. Chaque corps fut réduit à fournir une escorte pour protéger les provisions qui lui étaient destinées.

Au commencement du blocus, les soldats avaient trouvé autour de Mayence des choux, des navets, des pommes de terre, et ces légumes venaient en aide aux distributions ou les faisaient oublier. Mais les choux, les pommes de terre, les navets s'épuisèrent. On crut les remplacer par des racines qu'on déterrait entre les lignes et la place. Les soldats qui en mangèrent moururent ou perdirent la raison.

A la faim se joignit le froid. Un des plus rudes hivers dont on ait gardé la mémoire, celui qui, en gelant les fleuves et les canaux, livra la Hollande à l'armée du Nord, l'hiver de 1795, commença. Les soldats n'avaient d'abris que leurs tentes, et ceux qui étaient de service passaient au bivouac, le long des lignes, d'interminables nuits. Si seulement ils avaient pu allumer du feu! Le bois manquait comme le reste. Il n'y avait point de chevaux pour amener des vivres : comment en trouver pour amener de quoi se chauffer? Les soldats allaient couper du bois à plusieurs lieues du camp et l'apportaient eux-mêmes sur leurs épaules.

Le froid devint si vif qu'il arrêta le Rhin, et la glace s'épaissit au point de porter les canons et les caissons. Si les Prussiens ou les Autrichiens, campés sur l'autre bord, en eussent profité pour passer le fleuve et attaquer l'armée de Mayence, c'en était fait d'elle. Heureusement ils n'en eurent pas l'idée; le dégel emporta le danger.

Kléber ordonna aussitôt de reprendre les travaux interrompus, de tenir les troupes en haleine; mais il eut beau recommander les précautions les plus sages, ces épreuves étaient au-dessus des forces humaines, les maladies ravagèrent l'armée. Les brigades furent réduites de moitié; on citait une compagnie qui n'avait plus qu'un homme valide.

Pendant tout ce temps, les chevaux de la cavalerie n'avaient pas été plus épargnés que les hommes. On n'avait pas eu la précaution de former des magasins; le fourrage venait de la Lorraine, et même de la Franche-

Comté. Les voituriers, ne recevant pas de rations en route, prenaient sur leurs charges pour nourrir leurs chevaux, et les voitures étaient presque vides quand elles arrivaient au camp.

Les chevaux de l'armée moururent par milliers ; le reste était incapable de servir.

Kléber fut obligé de recommander aux chefs de corps la plus grande prudence dans les combats qui se livraient chaque jour aux portes de Mayence. S'ils s'engageaient trop, il serait impossible de les soutenir.

Cependant, le 2 janvier, il convoqua les généraux et leur demanda leur avis sur la possibilité d'enlever Mayence par une attaque de vive force. Desaix et Saint-Cyr crurent qu'il ne parlait pas sérieusement. « Si, dit Kléber avec humeur ; dans quelques heures, je vais en recevoir l'ordre des représentants ; parlez franchement, que je puisse m'appuyer de votre opinion pour leur répondre ! »

Ils furent unanimes. Il y avait dans Mayence plus de 20,000 hommes de garnison, et deux armées à portée de les secourir. A tant de forces, défendues encore par des ouvrages formidables, que pouvait-on opposer ? 15 ou au plus 20,000 hommes affaiblis et à peine en état de soutenir le poids de leurs armes. Dans de pareilles circonstances, il fallait s'estimer heureux que l'ennemi se tînt tranquille ; le provoquer serait folie.

Les ennuis que lui causaient les sottes exigences des représentants n'étaient pas les seuls que Kléber eût à subir. L'armée de blocus portait le nom d'armée de

Mayence. Kléber croyait être indépendant; il ne correspondait qu'avec le ministre. Michaud, général en chef de l'armée du Rhin, le trouva mauvais. Il prétendit que la division dont il avait cédé le commandement faisait toujours partie des troupes sous ses ordres, et que Kléber devait lui rendre compte de ses opérations. Il vint au camp le lui signifier.

C'était malgré lui que Kléber avait accepté ce commandement. Il avait, dit-il lui-même, pleuré comme un enfant en se séparant de ses braves de l'armée de Sambre-et-Meuse; depuis, la vue du dénuement où on laissait les troupes, des privations qu'elles enduraient, de leurs maux qui allaient toujours croissant, sans qu'il pût y remédier, n'avait fait qu'augmenter sa répugnance et son dégoût. Il exprimait hautement ses regrets. « Tu es à l'armée de Sambre-et-Meuse, écrivait-il à Marceau, tâche d'y rester. » — « On dit, mandait-il à Jourdan, que tu es à Coblentz avec les représentants du peuple Gillet et Cavaignac. Eh bien, profite, si tu m'aimes, de cette circonstance pour me demander..... Tire-moi donc d'ici ! »

Kléber était peu endurant. Les prétentions de Michaud achevèrent de le pousser à bout. Il lui fit dire qu'il était malade et partit pour Strasbourg. Le général Schaal le remplaça.

Cependant Pichegru, après avoir conquis la Hollande, venait de revenir en Alsace, où il commandait les deux armées de la Moselle et du Rhin. Le 22 septembre, il s'approcha de la tête de pont de Manheim et y fit jeter quelques obus. Cette simple menace suffit; on lui livra la tête de pont et, peu après, la ville. C'était une faveur inespérée de la fortune.

Les Prussiens, à Bâle, avaient traité avec la République et s'étaient retirés de la lutte; les Autrichiens seuls la soutenaient. Ils avaient sur le Rhin deux armées : l'une sur le Rhin supérieur, commandée par Wurmser, et l'autre sur le Rhin central, sous les ordres de Clairfayt. Elles se joignaient vers le Necker.

Pichegru, maître de Manheim au confluent du Necker et du Rhin, n'avait qu'à se porter sur Heidelberg, il s'interposait ainsi entre les deux armées de Clairfayt et de Wurmser, pouvait tomber alternativement sur l'une et sur l'autre, et frapper de rudes coups. Il entrevit ce plan, mais il n'employa pas des forces suffisantes pour le réaliser. Il fut battu et refoulé dans Manheim. Clairfayt alors sans inquiétude de ce côté, put se retourner contre l'armée de Sambre-et-Meuse.

Cette armée, commandée par Jourdan, avait franchi le Rhin, passé la Sieg, la Lahn, et était arrivée jusqu'au Mein. Clairfayt déborda son aile gauche et l'obligea à battre en retraite. Il la fit suivre jusqu'au Rhin par des corps détachés, et, avec le gros de ses forces, il revint sur Mayence.

Les Français continuaient à bloquer la place par la rive gauche. Un moment même, après les succès de l'armée de Sambre-et-Meuse, ils l'avaient cernée entièrement, et s'étaient préparés à l'assiéger; mais les revers de cette armée venaient de remettre les choses dans l'ancien état.

L'armée devant Mayence comptait alors quatre divisions très faibles, et seulement vingt-cinq mille hommes présents sous les armes. Ces vingt-cinq mille hommes gardaient des lignes de quatre lieues d'étendue, et qui, décrivant un demi-cercle autour de Mayence, s'appuyaient au Rhin. Mais, à Laubenheim, à l'extrême droite, les retranchements n'avaient pas été poussés jusqu'au fleuve : une prairie les en séparait. Clairfayt remarqua cet intervalle par où pouvait passer un corps d'armée, tourner les lignes des Français et les faire tomber. Dans la nuit du 28 au 29 octobre, une flottille débarqua par delà les lignes des troupes qui marchèrent droit sur Bodenheim, quartier général de Courtot qui commandait la droite, et y jetèrent le trouble. Au même moment, la garnison de Mayence, tournant nos retranchements par la prairie, attaquant de front et de flanc Laubenheim, rejetait la division Courtot sur le centre et la mettait en déroute. Saint-Cyr réunissait ses troupes à la hâte ; mais attaqué lui-même de front par des forces supérieures, pris de flanc par les Autrichiens qui venaien de vaincre Courtot, inondé par des flots de cavalerie qui se répandaient jusque sur nos derrières, il reculait en combattant. Il en était de même des divisions Mengaud et Renaud qui étaient repoussées dans le Hundsruck. Les lignes étaient prises, et l'ennemi s'emparait en même temps de la grosse artillerie, des munitions et des approvisionnements réunis dans l'intention d'assiéger Mayence.

A la nouvelle que les retranchements tracés autour de Mayence avaient été forcés, Pichegru était accouru des environs de Manheim sur la Pfrimm, et y avait recueilli les troupes en déroute, les avait réorganisées et remises en ligne. Il avait fait jeter une forte garnison dans Manheim, et avait attiré à lui ce qui restait de l'armée du Rhin dans cette partie du Palatinat. Les Autrichiens lui avaient laissé le temps nécessaire pour terminer ces arrangements. Ce n'est qu'au bout de huit jours que Clairfayt, après s'être renforcé de 15,000 hommes de bonnes troupes, qu'il avait attirés de l'armée de Wurmser, se décida à marcher contre Pichegru. Il attaqua vivement son aile droite, la repoussa de la Pfrimm sur le canal de Franckenthal, sur le Speierbach, et enfin sur Landau. Le centre et l'aile gauche suivirent ce mouvement. Manheim était à découvert. Les Autrichiens cernèrent la ville, et poussèrent activement les préparatifs du siège.

Cependant le Directoire, pressentant les périls que pouvait courir cette forteresse, aussi précieuse pour la France que Mayence l'était pour l'Allemagne, située comme elle sur le Rhin avec une tête de pont et une grande rivière, le Necker, qui protégeait Manheim comme le Mein protégeait Cassel, envoyait message sur message à Jourdan, pour qu'avec l'armée de Sambre-et-Meuse il courût à son secours. Jourdan, pour obéir aux ordres qu'il recevait, s'avançait avec 60,000 hommes, lorsqu'il apprit que Manheim, bombardée et incendiée, venait de se rendre. Wurmser aussitôt avait passé le Rhin, avait relevé l'armée de Clairfayt devant Pichegru, et Clairfayt, devenu libre, marchait contre l'armée de Sambre-et-Meuse. Attaqué par des forces supérieures, Jourdan repassa la Nahe, et se replia sur la Moselle. Il craignait d'y être forcé, lorsque, à son grand étonnement, l'ennemi lui proposa un armistice. On était au fort de l'hiver; il faisait un temps affreux; le pays était dévasté; pas de vivres pour les hommes, pas de fourrage pour les chevaux: hommes et bêtes succombaient. Clairfayt, voyant fondre son armée, n'hésita pas à offrir une trêve à son adversaire. Jourdan l'accepta, à la condition qu'elle serait commune à l'armée du Rhin aussi bien qu'à l'armée de Sambre-et-Meuse. Chacun s'établit dans les positions qu'il occupait.

Réfugiée dans les lignes de Wissembourg, l'armée du Rhin y souffrit cruellement. Sans magasins, sans vivres, sans argent pour s'en procurer, les soldats, comme un an auparavant dans les lignes de Mayence, pour ne pas mourir de faim, furent obligés de recourir à la maraude, et il fallut aux officiers toute la force morale, toute l'autorité qu'ils avaient acquise sur leurs hommes, pour maintenir parmi eux une ombre de discipline.

L'odieux, c'est que la misère dans laquelle périssait toute une armée était entretenue à dessein par celui qui en était le chef, par Pichegru.

Retiré à Strasbourg où, dans le vin et la débauche, il menait joyeuse vie, ce général dissimulé et hypocrite, à qui des victoires qu'il devait à la fortune bien plus qu'à l'habileté avaient valu une renommée surfaite, espérait que, poussée à bout par les privations de tout genre, l'armée du Rhin, à la fin, s'exaspérerait, se révolterait et lui demanderait de la délivrer d'un gouvernement impuissant ou incapable; il espérait qu'à sa tête il pourrait renverser l'ordre des choses actuel pour en mettre un autre à la place, qu'il culbuterait la République et rétablirait la royauté. C'étaient là en effet, depuis quelque temps, les rêves que formait Pichegru.

A peine de retour de la Hollande sur le Rhin, il avait été circonvenu par des émissaires que lui avait envoyés le chef des émigrés, le prince de Condé, et s'était laissé gagner par eux.

Le comte de Montgaillard, chargé de cette négociation, y avait employé deux intrigants suisses, Fauche-Borel et Courant. Fauche-Borel, à force de se trouver sur le passage de Pichegru, avait été remarqué de lui et avait obtenu une entrevue. Pichegru, avant de l'entendre, ayant exigé la preuve qu'il était accrédité par le prince de Condé, Fauche-Borel lui avait rapporté une lettre de quelques lignes signée du prince. Dès lors, Pichegru n'avait plus hésité.

Condé demandait à Pichegru de lui livrer Huningue, et de faire proclamer Louis XVIII par ses soldats. En échange, il lui garantissait, de la part du roi, le titre de maréchal de France, le gouvernement de l'Alsace, le château de Chambord avec son parc, un million comptant, une rente de 200,000 francs, reversible sur sa femme et ses enfants, et des exemptions d'impôt pour sa ville natale, pour Arbois.

Pichegru, lui, voulait qu'on lui laissât passer le Rhin ; une fois de l'autre côté du fleuve, il proclamerait Louis XVIII, et, d'accord avec les Autrichiens, il rentrerait en France à la tête de ses soldats, des émigrés, et marcherait sur Paris. Pendant l'insurrection de prairial qu'il avait réprimée, il avait eu l'occasion de recevoir des confidences, de nouer des relations. Il répondait du succès de l'entreprise. On était las en France de la Révolution, de ses excès, de l'état dans lequel elle avait mis le pays, de la ruine générale sous laquelle il achevait de s'abîmer. Au premier bruit que Pichegru s'avançait, de tous côtés on se soulèverait, et le gouvernement ne pourrait se soutenir. Sans même qu'il fût besoin d'y toucher, il s'effondrerait dans la haine et le mépris.

L'obstination du prince de Condé fit manquer ce plan. Il voulait avoir à lui seul l'honneur de restaurer la royauté. Il refusa de mettre Wurmser et les Autrichiens dans la confidence de ce qui se tramait.

Pendant ces pourpalers, la guerre continuait. Les Français à ce moment bloquaient Mayence par la rive gauche; Jourdan se préparait à passer le Rhin et à venir cerner la place par la rive droite; Pichegru s'approchait de Manheim et s'en emparait. Mais aux victoires succédaient les défaites : Pichegru était battu sur le Necker; Jourdan, débordé sur le Mein, était ramené sur le Rhin et contraint de le repasser; enfin Clairfayt franchissait le fleuve à Mayence, prenait à revers les lignes établies sur la rive gauche, les forçait, repoussait l'armée du Rhin, la ramenait dans les lignes de Wissembourg, et Manheim capitulait.

Ces revers, loin de faire renoncer Pichegru à ses projets, ne faisaient au contraire que l'encourager à en poursuivre l'exécution. Il se croyait certain de réussir, et il en assurait le prince de Condé. « Il est du plus grand intérêt pour les Autrichiens, disait-il à un espion

accrédité près de lui, de ne pas lever cette trêve arbi-
traire et illimitée qui déjà nous a fait le plus grand mal,
puisque l'armée n'a pas osé quitter les environs du sol
de la dernière campagne..., d'où viennent les magasins
pour sièges vidés, la pénurie, le dégoût du soldat, etc...
Plus cette trêve durera ainsi, et mieux ce sera. » Si,
quoi que l'on fasse, la trêve se rompt, « c'est alors qu'il
faut être prêt à agir et ne pas perdre une minute après
les dix jours de grâce, car les Français se proposent
bien aussi de recommencer aussitôt; mais il faut les
prévenir et tomber dessus le plus rudement possible,
comme aussi sur Jourdan en même temps; nous ne sou-
tiendrons qu'un échec...; le plus petit échec alors, avec
le mécontentement de l'armée et un petit pamphlet
analogue, produirait l'effet désiré d'une réunion ou d'une
désertion, ou d'une débandade totale. »

Mais on ne laissa pas à Pichegru le temps de faire
aboutir ces complots. Averti par les réclamations qui
s'élevaient de toutes parts dans l'armée, par les plaintes
que faisaient entendre les soldats, le gouvernement finit
par concevoir des soupçons sur la fidélité du général.
Il manda Pichegru à Paris et lui offrit l'ambassade de
Suède. Pichegru la refusa et proposa sa démission, qui
fut acceptée. Moreau, qui commandait l'armée de Hollande, fut envoyé sur le Rhin.

CHAPITRE V

Moreau. — Saint-Cyr. — Desaix.

Les vrais chefs de l'armée du Rhin, ceux qui l'ont façonnée, qui lui ont donné ses habitudes, son caractère, son esprit, c'est Moreau, ce sont ses deux lieutenants, Saint-Cyr et Desaix.

Moreau était Breton. Son père exerçait la profession d'avocat à Morlaix; lui-même était destiné au barreau. Pendant qu'il faisait son droit à Rennes, déjà les étudiants l'avaient mis à leur tête pour soutenir le parlement de Bretagne dans sa lutte contre la royauté, et ensuite la royauté contre le parlement. Mais d'autres combats allaient le réclamer. La France en péril appelait ses enfants à la défendre. De toutes parts, des bataillons de volontaires se précipitaient à la frontière. Moreau, nommé commandant du 1er bataillon d'Ille-et-Vilaine, partit pour l'armée du Nord. Il servit sous Dumouriez, sous Custine, sous Houchard, sous Pichegru, monta rapidement de grade en grade, et en quelques années devint général de division.

Un instant, il voulut donner sa démission et se retrer : pendant que tous les jours il risquait sa vie et contribuait à gagner des batailles, son père était accusé de fédéralisme, était guillotiné et ses biens confisqués. Ce fut un rude coup porté au patriotisme du général Moreau ; mais il se raffermit et continua à défendre son pays. Pichegru avait fait de lui son principal lieutenant. Ce fut Moreau surtout qui l'aida à s'emparer de la Hollande. Quand Pichegru fut rappelé sur le Rhin, il laissa à Moreau le commandement de l'armée du Nord ; et ce fut encore Moreau qui vint le remplacer à Strasbourg lorsqu'il fut disgracié.

Dans la vie privée, Moreau n'était qu'un homme ordinaire ; sur un champ de bataille, il devenait un homme supérieur. Des clartés illuminaient alors sa pensée. Il voyait, imaginait, combinait ; sa nature se transformait. Dans ces circonstances, sa facilité de caractère, ce qu'il y avait de débonnaire en lui, faisaient place à la fermeté et à l'énergie. Il n'était plus hésitant ; il se décidait avec promptitude et justesse.

Dans son armée, Moreau n'avait que des amis. D'un abord commode, sans morgue, sans hauteur, le dernier de ses soldats pouvait lui parler. Pour ses officiers, il était un camarade bien plus qu'un chef.

De ses lieutenants, celui qui avait le plus peut-être de ses qualités, c'était Saint-Cyr.

Un jour, Custine parcourait à cheval les alentours de Mayence. Il aperçoit un volontaire, un officier, en train de dessiner. Custine fond sur lui, et de sa voix brusque, il lui demande ce qu'il fait là. L'officier lui présente un croquis de la place. Custine examine ce dessin, inter-

roge le volontaire sur son nom, sa famille, ses occupa
tions avant la guerre, et le lendemain, il envoie à Saint-
Cyr un brevet d'attaché à son état-major.

Saint-Cyr était de Toul. Il voulait se faire artiste : il
avait parcouru l'Italie, le pays, les musées, dessinant,
copiant, et il était revenu en France suivre les ateliers
de peinture, lorsque la Révolution éclata. Saint-Cyr avait
alors 28 ans. Il s'engagea et partit avec le 1er bataillon
des volontaires de Paris, qui l'élut capitaine. Il avait ce
grade lorsque Custine, à la vue des preuves de son talent, le prit en qualité d'adjoint à ses adjudants généraux.

Saint-Cyr avait suivi Custine lorsqu'il sortit de
Mayence. Il était dans les lignes de Wissembourg; il
combattit dans les Vosges pour débloquer Landau; il
commanda ensuite une division, puis, pendant un temps,
l'armée entière au blocus de Mayence. Il fit alors tout ce
qui dépendit de lui pour prévenir la défaite, et, les lignes
forcées, plus que personne il aida Pichegru à réorganiser
l'armée du Rhin, à l'établir dans ses nouvelles positions.
Quand Pichegru noua avec les émigrés des relations
coupables, travaillant à détruire lui-même l'armée qu'il
commandait, Saint-Cyr contribua à y conserver la discipline qui la sauva.

Saint-Cyr était calme, prudent, hardi quand il le
fallait, et ce général, qui avait tant de goût pour les
arts et si peu pour les sciences, était cependant, avec
Moreau, un des meilleurs tacticiens de l'armée du Rhin.

Le plus brillant des lieutenants de Moreau était
Desaix.

Avec Saint-Cyr, disait Moreau, on était sûr de ne pas

perdre de batailles ; avec Desaix, on était certain d'en gagner.

Desaix était de l'Auvergne, et noble. Dix-sept membres de sa famille avaient émigré. On poussait Desaix à les imiter. Sa mère, pour laquelle il éprouvait une vénération pleine de tendresse, lui en faisait même une obligation ; il résista. Une parente lui envoya une quenouille en signe de mépris ; l'outrage le trouva indifférent. Plus tard, on le suspendit comme noble, comme parent d'émigrés ; au même titre, on emprisonna sa mère et sa sœur, et l'on confisqua leurs biens ; son dévouement au pays que, malgré tout, il persistait à défendre, n'en reçut aucune atteinte. Il avait donné asile à de malheureux paysans qui avaient trop bien accueilli Wurmser et les émigrés lorsqu'ils rentrèrent en Alsace, et qui, pour ce crime, devaient être guillotinés ; dénoncé à l'impitoyable Saint-Just, Desaix allait être enlevé à ses soldats et fusillé ; mais les soldats, qui, toujours victorieux avec lui l'entouraient d'affection, se soulevèrent, le mirent au milieu d'eux, bravèrent Saint-Just, mirent le proconsul au défi de venir le leur arracher, et Saint-Just, pour la première et la seule fois de sa vie, céda.

Desaix est par-dessus tous le modèle et le type de cette armée du Rhin, si dévouée à la patrie, si simple, si grande.

Desaix, en effet, lui avait donné l'exemple de toutes les qualités, de toutes les vertus militaires. Il y avait répandu un esprit de fraternel attachement qui, de cette vaste agglomération d'hommes, ne faisait qu'un seul corps bien lié, bien uni.

Vivant familièrement avec ses officiers, toujours au milieu de ses soldats, s'enquérant de leurs besoins et des moyens de les satisfaire, Desaix était cher à tous. C'était même de ce sentiment d'affection qu'il avait fait le principal ressort de son action sur les troupes. « Tant que je serai aimé de mes soldats, disait-il, je battrai les ennemis. »

Chez lui, jamais d'ostentation, jamais de mouvement d'humeur, rien de ce qui aurait pu éloigner les autres, mais, au contraire, la plus parfaite égalité de caractère, une affabilité constante, une simplicité de mise qui touchait presque à la négligence. Desaix semblait craindre de devoir la plus mince parcelle de son autorité à l'apparat extérieur. On ne le voyait que rarement avec les insignes de son grade. Il portait un habit bleu sans ornement, et le plus souvent il n'avait pas d'épée. Moreau, en cela, l'avait pris pour modèle; les autres généraux et officiers supérieurs l'avaient aussi imité, de sorte que cette absence de faste descendant des chefs aux soldats, il en était résulté dans les rangs de l'armée une attitude à la fois simple et digne qui, longtemps après, faisait dire d'un de ces hommes : « C'est un Spartiate de l'armée du Rhin. »

Desaix, par sa manière d'être, avait acquis un tel ascendant qu'il n'avait pas besoin de sévir pour maintenir la discipline la plus exacte. Ses troupes, même en pays conquis, ne commettaient pas de désordres. Parfois, à la vue de soldats ennemis, les habitants du Palatinat et de la Souabe s'alarmaient et étaient prêts à prendre la fuite; mais, du moment qu'ils avaient reconnu le chef, ils se rassuraient : « Nous n'avons rien à craindre, disaient-ils, ce sont les troupes de M. Desaix. »

Un jour, il aperçoit un soldat qui maltraitait un paysan âgé. Desaix fond sur lui : « Malheureux, lui crie-t-il indigné, tu n'as donc pas de père! »

Dans une autre circonstance, il faisait transporter chez le payeur de l'armée une caisse pleine d'or et d'argent qu'un des princes des bords du Rhin avait abandonnée en se sauvant. Les soldats fléchissaient en la soulevant, et Desaix les gourmandait. « Ah! général, lui dit l'un d'eux, si elle sortait des mains d'un autre, elle ne serait pas si lourde. »

Toujours à l'avant-garde, Desaix veillait à ne pas être surpris par l'ennemi; s'il l'était, ses mesures étaient si bien préparées qu'immédiatement il pouvait réparer le mal. Mais aussi, sans cesse il était aux avant-postes, sans cesse il les parcourait. « Votre Desaix n'a donc jamais dormi? » demandait un prisonnier à nos soldats.

« Ce diable d'homme me fera me brûler la cervelle, s'écriait un capitaine hongrois, je ne puis faire un pas que je ne le trouve devant moi ! »

A cette activité venait se joindre un coup d'œil si prompt, tant de prudence et en même temps d'audace, qu'il frappait presque toujours des coups sûrs.

« Quand on avait Desaix pour voisin, écrit Saint-Cyr dans ses *Mémoires*, on pouvait être tranquille : il ne se laissait pas entamer. Dès lors, on n'avait qu'à s'occuper de ce que l'on avait devant soi. »

L'aptitude de Desaix au commandement en chef avait de bonne heure frappé les généraux et les représen-

tants. Ils avaient plusieurs fois voulu l'en investir. Toujours il avait refusé.

« Le génie militaire du général Desaix, les preuves
fréquentes de courage qu'il a données pendant cette
guerre, me le font juger très en état de commander
une armée avec le plus grand succès, » avait écrit le
général Michaud au ministre de la guerre.

Un jour, en 1794, voulant en quelque sorte lui faire
violence, Michaud conduit Desaix chez le commissaire
de la Convention, dit que c'est l'officier le plus capable
de diriger les troupes, que c'est lui qu'il faut nommer
général en chef à sa place. « Comment! s'écrie Desaix,
c'est pour cela que tu m'as amené? A moi le commandement de l'armée, à moi qui suis le plus jeune des officiers! Représentant, tu n'écouteras point une sem-
blable proposition, tu ne commettras point d'injustice à
l'égard de vieux militaires qui ont beaucoup mieux
mérité de la patrie. » Et il sort brusquement de la
tente.

La qualité principale de Desaix, celle qui, en lui,
elevait toutes les autres, c'était la modestie. Un jour,
sa sœur s'avise de lui demander son portrait.

« J'ai été extrêmement surpris, lui répond-il, de la
demande étonnante que tu m'as faite de mon portrait :
en vérité, je n'y conçois rien. Où veux-tu que je songe
à me faire peindre dans un village entièrement dévasté,
dans un pays désert? Ne rêvant que combats et victoires, et courant tout le jour, puis-je penser à un portrait! Non, mon amie, j'en suis bien loin, et je te promets
bien qu'il m'est de toute impossibilité de le faire. Il n'y

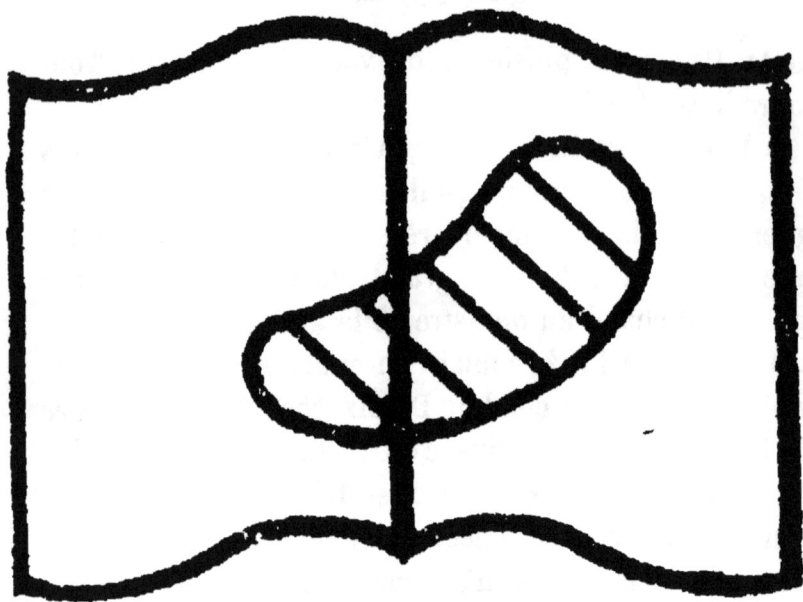

Illisibilité partielle

a pas un homme capable de faire un portrait, excepté
à Strasbourg, et j'en suis à trente lieues. Si tu veux une
peinture, porte l'image de la Liberté : les Français
n'en doivent pas avoir d'autres. D'ailleurs, ma chère
sœur, si j'avais la folie de me faire peindre, ce serait à
présent fort inutile, vu que j'espère que d'ici à la fin
de la guerre, où j'aurai le plaisir de te voir, ma figure
sera très embellie par les cicatrices honorables et glo-
rieuses des coups que j'aurai reçus en défendant mon
pays. Toi que j'ai vue toujours raisonnable, où as-tu pu
prendre une idée aussi bizarre que celle d'avoir ma
figure? »

- Ce portrait, que Desaix refusait à sa sœur, le voici
tracé par la plume d'un des jeunes officiers attachés à
son état-major :

« La taille de Desaix était élevée, et sa figure singu-
lière. De beaux yeux noirs pleins de feu accompa-
gnaient un nez attaché au haut du front; ses lèvres,
épaisses et habituellement séparées, laissaient voir des
dents d'une éclatante blancheur; ses cheveux plats et
noirs comme l'ébène ombrageaient son visage forte-
ment coloré; son maintien était embarrassé sans gau-
cherie, et annonçait la timidité et l'inhabitude du
monde; il ressemblait assez à un sauvage de l'Oré-
noque qu'on aurait vêtu à la française. Mais on s'ac-
coutumait bientôt à lui : sa voix était douce, et
lorsqu'on avait pu le tirer de sa réserve habituelle, il
charmait par la variété de son instruction et par la
simplicité de ses manières; il n'avait aucun des défauts
d'un homme accoutumé à vivre dans les camps; je ne

lui ai jamais entendu prononcer un mot grossier; une expression indécente le faisait rougir. Comme il était d'une bonté facile et inaltérable, son état-major menait joyeuse vie : il souriait à tous les plaisirs sans les partager, mais avec l'indulgence d'un père qui ferme les yeux sur les étourderies de ses enfants. »

CHAPITRE VI

**1796. — Premier passage du Rhin. — L'armée
en Bavière. — Retraite de Moreau.**

Carnot, l'ancien membre du Comité de salut public,
qui, aux temps périlleux de la Révolution, avait mis
sur pied quatorze armées, venait de reprendre la direction de la guerre.

Sous son impulsion, l'armée d'Italie avait franchi les
Apennins, isolé les Piémontais, leur avait imposé la
paix, puis, se mettant à la poursuite des Autrichiens,
les avait rejetés par delà le Pô et l'Adige, et assiégeait
Mantoue.

Wurmser, avec 28,000 hommes, venait d'être retiré
du Palatinat pour aller en Italie tenir tête à Bonaparte.
Carnot donna l'ordre aux armées de Sambre-et-Meuse
et du Rhin d'entrer en Allemagne, et, après avoir fait
leur jonction sur le Danube, de marcher sur Vienne.
Kléber aussitôt franchit le Rhin à Dusseldorf, battit les
Autrichiens à Altenkirchen, se réunit à Jourdan qui
avait passé le fleuve à Neuwied, et, ensemble, ils se
dirigèrent vers Francfort. Mais l'archiduc Charles, qui
commandait en chef les Autrichiens, s'étendit par sa

droite, déborda la gauche de l'armée de Sambre-et-Meuse, la contraignit encore à la retraite, et la ramena jusqu'à Neuwied et Dusseldorf.

Ce mouvement avait dégagé Moreau. A son tour, il se prépara à traverser le Rhin. Pendant quelques jours, il attaqua l'ennemi avec vigueur en avant de Manheim, et, quand il eut fait les démonstrations nécessaires pour faire croire que c'était dans les environs ,qu'il voulait passer, il fit rapidement replier ses troupes, accourut en poste à Strasbourg, ordonna de fermer les portes de la ville, de s'emparer de toutes les barques, de tous les bateaux, de les faire descendre dans l'un des bras du Rhin, et Desaix, avec 2,000 hommes soutenus bientôt par 2,000 autres, enleva à la baïonnette les redoutes en avant de Kehl, Kehl lui-même, et, se couvrant de la forteresse, il établit un pont de bateaux sur lequel défila l'armée.

Lorsque le général autrichien Latour se présenta pour arrêter nos troupes, il était trop tard : l'armée de Moreau tout entière était de l'autre côté du Rhin. Desaix marcha à l'ennemi, le débusqua de ses différents postes, de Wilstedtt, de Rinchen, de Rastadt, et l'archiduc Charles, accourant pour recueillir son lieutenant, fut lui-même battu à Ettlingen. Dès lors le généralissime autrichien se décida à remonter la vallée du Necker, tandis que Wartensleben, qu'il avait laissé devant l'armée de Sambre-et-Meuse, reculait par la vallée du Mein, et s'apprêtait à le rejoindre dans les environs de Ratisbonne. Toutefois, avant de quitter les montagnes qui séparent la vallée du Necker de celle du Danube, l'archiduc résolut de tenter encore le sort des armes, et il attaqua Moreau à Neresheim. Vaincu de nouveau, il passa le Danube. Moreau, au lieu de le laisser aller et d'appuyer à gauche, de manière à se réunir à Jourdan, le suivit et marcha sur Augsbourg. Mais l'archiduc se déroba, repassa le Danube avec 30,000 hommes; et tandis que Wartensleben, après une longue retraite, s'arrêtait, faisait volte-face et attaquait de front l'armée de Sambre-et-Meuse, l'archiduc prit en flanc cette armée, la força à la retraite, la battit à Wurtzbourg, et la ramena, à travers les populations insurgées de la Franconie, sur la Lahn et sur le Rhin.

Moreau, pendant ce temps, continuait de s'avancer en Bavière. A la fin, il comprit le péril qu'il courait de voir l'archiduc se rabattre sur ses derrières et lui couper la retraite. Il prit la résolution de se replier sur le Rhin en passant par les défilés du val d'Enfer, avant qu'ils fussent occupés par l'ennemi. Alors Latour et ses lieutenants le pressèrent, le harcelèrent, essayèrent par tous les moyens de le retarder, pour donner à l'archiduc le temps d'arriver avant lui au débouché des montagnes de la Forêt-Noire. A Biberach, suivi de trop près, Moreau se retourna. Latour, de plus en plus ardent, s'était avancé au delà de la petite rivière du Rifsbach. Tandis que Saint-Cyr contenait la gauche et le centre de l'ennemi, Desaix, refoulant tout ce qu'il avait devant lui, vint s'établir sur les hauteurs qui dominent la rivière et dans la ville de Biberach, qui en occupe les bords. A son tour, Saint-Cyr fit battre la charge, et quand l'ennemi, repoussé, voulut se retirer, c'est sous le feu de Desaix et au travers de ses rangs qu'il dut se frayer un passage. Il laissa entre nos mains 4,000 prisonniers, 18 pièces de canon et 2 drapeaux. Ce succès remporté, l'armée française reprit sa marche, traversa le val d'Enfer, résista encore à trois attaques que l'archiduc lui livra sur la rive droite du Rhin, et enfin repassa le fleuve à Neuf-Brisach et à Huningue, reparaissant, aux yeux de la France qui n'avait plus de ses nouvelles et la croyait perdue, intacte, fière, et ramenant des prisonniers et des canons.

CHAPITRE VII

Siège de Kehl.

Desaix avait devancé ses compagnons d'armes, avec son corps d'armée. Une fois de l'autre côté du Rhin, il en avait descendu la rive gauche jusqu'à Strasbourg, puis il avait repassé le fleuve pour occuper Kehl. Desaix, aussitôt avait relevé les anciens ouvrages, et en avait exécuté de nouveaux; aussi, quand il parut, l'ennemi trouva les deux ponts qui avaient servi à l'armée lors de son passage, couverts non seulement par le fort, mais encore par des redoutes et par un vaste camp retranché que vinrent remplir les bataillons de Desaix et ceux de Saint-Cyr. Sous les ordres de pareils chefs, la position était des plus difficiles à emporter. Les Autrichiens entreprirent le siège vers la fin de novembre. Ils entourèrent les Français d'une vaste ligne de circonvallation, munie de retranchements et de tours. Desaix força leurs lignes, encloua leurs canons, tua ou prit leurs soldats, et faillit s'emparer de tous les approvisionnements qu'ils avaient accumulés pour le siège. L'ennemi accourut en forces, et Desaix fit sonner la retraite. Malgré l'hiver, malgré le froid et la pluie, les Autrichiens ouvrirent la tranchée et s'avancèrent en cheminant contre nos redoutes. Desaix en sortit, bouleversa les travaux de l'ennemi, et l'obligea à les recommencer. Mais l'archiduc avait devant Kehl toute son armée, il avait amassé un matériel et des munitions énormes; il pouvait tout remplacer, hommes et choses, et bon gré mal gré il avançait. Il s'était emparé des trois lignes de défense qui couvraient le fort; il avait pris, malgré la résistance opiniâtre que lui avait opposée Lecourbe, une des îles du Rhin; il avait entouré Kehl de ses batteries, et une grêle de boulets et d'obus ne cessait de tomber sur la place. Desaix tenait bon. Enfin les Autrichiens parvinrent à établir leurs canons à portée des ponts, et déjà leurs boulets avaient coulé bas quelques-uns des bateaux : la retraite de la garnison était en péril; il y avait dès lors nécessité de céder. La capitulation fut réglée dans une barque, au milieu du Rhin, entre Latour et Desaix : elle fut des plus honorables pour les Français. Ils se retiraient avec armes et bagages, et, en évacuant le fort de Kehl, ils avaient le droit d'emporter tout ce qu'ils pourraient. L'évacuation devait être terminée dans un délai de 24 heures. Sans perdre une minute, chefs et soldats se mirent à démanteler le fort, à arracher les palissades à demi-brisées, à ramasser jusqu'aux débris des bombes, à tout enlever pour ne laisser aucun trophée aux mains de l'ennemi. Avertis, les habitants de Strasbourg accoururent en aide à nos soldats; et quand il n'y eut plus à livrer aux Autrichiens que des amas de terre labourés par les boulets, l'armée abandonna ce fort en ruines qu'elle défendait depuis plus de deux mois, et défila tambours battants et enseignes déployées. Desaix, le dernier, quitta la place, fit replier les ponts, et rentra à Strasbourg.

CHAPITRE VIII

1797. — Deuxième passage du Rhin. — Préliminaires de Léoben. — Les papiers de Klinglin. — Moreau est rappelé. — Conclusion.

L'armée du Rhin, après la glorieuse défense de Kehl, prit enfin quelque repos. Mais Bonaparte se préparait à une dernière et décisive campagne. Il voulait, traversant les montagnes du Tyrol, de la Styrie, de la Carniole, de la Carinthie, marcher sur Vienne, et s'emparer de la capitale de l'Autriche : il demandait que, pour empêcher les Autrichiens de revenir sur lui, les deux armées de Sambre-et-Meuse et du Rhin traversassent le fleuve.

Desaix avait fait secrètement les préparatifs nécessaires. Le 20 avril 1797, vers trois heures du matin, les troupes n'attendaient plus, pour surprendre le passage, que l'arrivée des bateaux qui devaient les transporter, lorsque l'on apprit que ces bateaux, faute d'eau, restaient engravés dans l'Ill, dans la petite rivière qui devait les amener dans le Rhin. Les chefs y coururent, entrèrent eux-mêmes dans le lit de la rivière, poussèrent les bateaux et les dégagèrent. Mais le temps, pendant cette opération, s'était écoulé ; il était six heures, c'est-à-dire

grand jour, quand on put s'embarquer. Le canon des
fausses attaques avait depuis longtemps donné l'éveil, et
l'ennemi, que l'on espérait prendre en défaut, était sur
ses gardes. Les troupes, conduites par Desaix, abordèrent,
ne répondirent ni à la fusillade ni à la mitraille, se
jetèrent à la baïonnette sur le village de Dirsheim et s'en
emparèrent. Des renforts arrivèrent aux Autrichiens : le
village fut pris et repris; il finit par rester aux Français.
Pendant ce temps, une colonne se glissait à notre droite
le long de la levée du Rhin, et se préparait à établir une
batterie qui prendrait d'écharpe le pont que nous allions
construire. Desaix s'en aperçut, marcha à cette colonne
et la mit en fuite; mais au moment où il la dispersait, il
fut atteint d'une balle à la cuisse. Ses soldats s'étaient
précipités sur le grenadier hongrois qui l'avait mis en
joue : ils allaient le percer de leurs baïonnettes, quand
Desaix, se traînant, arriva à temps pour lui sauver la
vie.

Moreau, cependant, poussait la construction du pont,
faisait défiler ses troupes, et les établissait de l'autre
côté du Rhin. Aussi, le lendemain, lorsque les Autrichiens
voulurent l'attaquer avec toutes leurs forces, il les attendit en position, les repoussa, et, chargeant à son tour,
les mit en déroute. Il allait poursuivre son succès quand
arriva un aide de camp de Bonaparte qui apportait la
nouvelle des préliminaires de Léoben. L'armée du Rhin
était arrêtée en pleine victoire.

Pendant cette campagne de quelques jours, les Fran-
cais avaient pris les bagages d'un émigré alsacien, le
baron de Klinglin. On y trouva une liasse de lettres dans

lesquelles les personnages dont il était question étaient dissimulés sous des noms d'emprunt. On envoya ces lettres à Desaix, à Strasbourg, où il se guérissait de sa blessure. Il en eut vite trouvé la clef et les déchiffra. C'était la correspondance échangée entre Pichegru, ou plutôt entre ses confidents et ceux que le prince de Condé avait chargés de s'entendre avec lui. Jusque-là, on avait soupçonné des intrigues, une trahison de la part de l'ancien général en chef de l'armée du Rhin. Maintenant on en avait les preuves. Desaix fit connaître à Moreau sa découverte. Le devoir de Moreau était d'en avertir aussitôt le Gouvernement. L'incertitude de son caractère, peut-être aussi le souvenir de ses anciens rapports avec Pichegru, de l'amitié qui les avait si longtemps unis, le retinrent : il garda le silence.

Cependant Pichegru, après avoir donné sa démission, s'était fait élire député : il avait été nommé président du Conseil des Cinq-Cents ; il était à la tête du parti qui faisait une guerre acharnée à la majorité des membres du Directoire, et qui aspirait à le renverser ; la lutte devenait de plus en plus ardente ; le secret de la correspondance de Pichegru avec l'ennemi commençait à s'ébruiter à Strasbourg ; enfin le 17 fructidor, Moreau se décida à écrire à Barthélemy, l'un des membres du Directoire :

*Le général en chef au citoyen Barthélemy, membre
du Directoire exécutif.*

« Citoyen Directeur,

« Vous vous rappelez sûrement qu'à mon dernier
voyage à Bâle je vous instruisis qu'au passage du Rhin
nous prîmes un fourgon au général Klinglin, contenant
deux ou trois cents lettres de sa correspondance. Celles
de Vitterbach en faisaient partie ; mais c'étaient les moins
conséquentes : beaucoup de ces lettres sont en chiffre ;
mais nous l'avons trouvé : l'on s'occupe à tout déchiffrer,
ce qui est très long.

« Personne n'y porte son vrai nom ; de sorte que beaucoup de Français qui correspondaient avec Klinglin,
Condé, Wickham, d'Enghien et autres, sont difficiles à
découvrir. Cependant, nous avons de telles indications,
que plusieurs sont déjà connus.

« J'étais décidé à ne donner aucune publicité à cette
correspondance, puisque, la paix étant présumable, il
n'y avait plus de danger pour la République, d'autant
que cela ne ferait preuve que contre peu de monde,
puisque personne n'était nommé.

« Mais, voyant à la tête des partis qui font actuelle-
ment tant de mal à notre pays, et jouissant, dans une
place éminente, de la plus grande confiance, un homme
très compromis dans cette correspondance, et destiné
à jouer un grand rôle dans le rappel du prétendant
qu'elle avait pour but, j'ai cru devoir vous en instruire,
pour que vous ne soyez pas dupe de son feint républi-
canisme, que vous puissiez faire éclairer ses démarches

et vous opposer aux coups funestes qu'il peut porter à notre pays, puisque la guerre civile ne peut qu'être le but de ses projets.

« Je vous avoue, citoyen Directeur, qu'il m'en coûte infiniment de vous instruire d'une telle trahison, d'autant que celui que je vous fais connaître a été mon ami, et le serait sûrement encore, s'il ne m'était connu.

« Je veux parler du représentant Pichegru. Il a été assez prudent pour ne rien écrire; il ne communiquait que verbalement avec ceux qui étaient chargés de la correspondance, qui faisaient part de ses projets et recevaient les réponses. Il est désigné sous plusieurs noms, entre autres celui de *Baptiste*. Un chef de brigade, nommé B., qui lui était attaché, et désigné sous le nom de *Coco*, était un des courriers dont il se servait, ainsi que les autres correspondants. Vous devez l'avoir vu assez fréquemment à Bâle.

« Leur grand mouvement devait s'opérer au commencement de la campagne de l'an IV. On comptait sur des revers à mon arrivée à l'armée, qui, mécontente d'être battue, devait redemander son ancien chef, qui alors aurait agi d'après les instructions qu'il aurait reçues.

« Il a dû recevoir 900 louis pour le voyage. qu'il fit à Paris, à l'époque de sa démission : de là vint naturellement son refus de l'ambassade de Suède; je soupçonne la famille Lajolais d'être dans cette intrigue.

« Il n'y a que la grande confiance que j'ai en votre patriotisme et votre sagesse qui m'a déterminé à vous donner cet avis; les preuves en sont plus claires que le our, mais je doute qu'elles puissent être judiciaires.

« Je vous prie, citoyen Directeur, de vouloir bien m'éclairer de vos avis sur une affaire aussi épineuse. Vous me connaissez assez pour croire combien a dû me coûter cette confidence : il n'en a pas moins fallu que les dangers que courait mon pays pour vous la faire. Ce secret est entre cinq personnes : les généraux Desaix, Reignier, un de mes aides de camp, et un officier chargé de la partie secrète de l'armée, qui suit continuellement les renseignements que donnent les lettres qu'on déchiffre.

« Recevez l'assurance de mon estime distinguée et de mon inviolable attachement. »

La lettre de Moreau n'arriva à Paris que le lendemain du coup d'État de fructidor, et, parmi ceux que la partie victorieuse du Gouvernement déportait à la Guyane, se trouvait ce même Barthélemy, à qui la lettre était adressée.

Dès lors Moreau devint suspect; il fut rappelé. Hoche réunit l'armée du Rhin à l'armée de Sambre-et-Meuse; mais lui-même mourut peu après, et ce fut Augereau qui le remplaça. Augereau donna aux troupes sous ses ordres le titre d'armée d'Allemagne. Mais les noms de Sambre-et-Meuse et du Rhin avaient été marqués par de trop glorieux exploits, ils avaient été trop souvent acclamés par la reconnaissance de la France délivrée de l'étranger pour qu'ils fussent jamais oubliés. Ils sont immortels dans l'histoire.

TABLE

L'ARMÉE DE SAMBRE-ET-MEUSE

Préface 5
Introduction 7
Chapitre   I. — Situation de la France à la fin de 1793. — Le-
             vée en masse. — Carnot 7
   —   II. — Formation de l'armée de Sambre-et-Meuse. —
             Ses chefs 13

CAMPAGNE DE 1794

Chapitre   I. — Jourdan passe la Sambre. — Batailles de Char-
             leroi et de Fleurus 17
   —   II. — Conquête de la Belgique 24
   —   III. — Batailles de l'Ourthe et de la Roër 26
   —   IV. — Les Français sur le Rhin. — Conquête de la
             Hollande. — Paix de Bâle avec la Prusse et
             l'Espagne 34

CAMPAGNE DE 1795

Chapitre   I. — Le Rhin 35
   —   II. — L'armée de Sambre-et-Meuse passe le Rhin ... 37
   —   III. — Clairfayt débouche de Mayence. — L'armée de
             Sambre-et-Meuse marche sur la Nahe 44

CAMPAGNE DE 1796

Chapitre   I. — Premier passage du Rhin 47
   —   II. — Deuxième passage du Rhin. — L'armée de
             Sambre-et-Meuse pénètre jusqu'aux frontières
             de la Bohême 52

Chapitre III. — Jonction de l'archiduc avec Wartensleben. —
Retraite de l'armée de Sambre-et-Meuse.... 57
— IV. — Bataille de Wurtzbourg.................. 62
— V. — L'armée de Sambre-et-Meuse repasse la Lahn
et la Sieg. — Mort de Marceau. — Retraite de
Moreau.................................. 67
— VI. — Jourdan quitte l'armée de Sambre-et-Meuse. —
Beurnonville. — Hoche................. 73

CAMPAGNE DE 1797

Chapitre I. — L'armée d'Italie...................... 77
— II. — Passage du Rhin. — L'armée de Sambre-et-
Meuse sur la Lahn et sur le Mein. — Ar-
mistice............................... 80
— III. — Mort de Hoche. — Dissolution de l'armée de
Sambre-et-Meuse.................... 85

L'ARMÉE DU RHIN

Préface.................................... 89
Chapitre I. — L'armée du Rhin. — Déclaration de guerre à
l'Autriche. — La *Marseillaise*............ 91
— II. — Custine en Allemagne. — Siège et capitulation
de Mayence................. 98
— III. — Les lignes de Wissembourg. — Saint-Just. —
Pichegru et Hoche.............. 119
— IV. — Blocus de Mayence. — L'hiver de 1795. —
Pichegru de retour à l'armée du Rhin. — Sa
trahison................... 126
— V. — Moreau. — Saint-Cyr. — Desaix........... 139
— VI. — 1796. — Premier passage du Rhin. — L'armée
en Bavière. — Retraite de Moreau........ 148
— VII. — Siège de Kehl................ 152
— VIII. — 1797. — Deuxième passage du Rhin. — Préli-
minaires de Léoben. — Les papiers de
Klinglin. — Disgrace de Moreau. — Conclu-
sion.................. 155

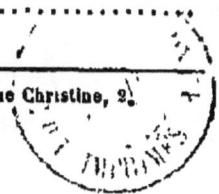

Paris. — Imprimerie L. Baudoin et Cⁱᵉ, rue Christine, 2.

ARMÉE DU RHIN

MAYENCE

Planche II

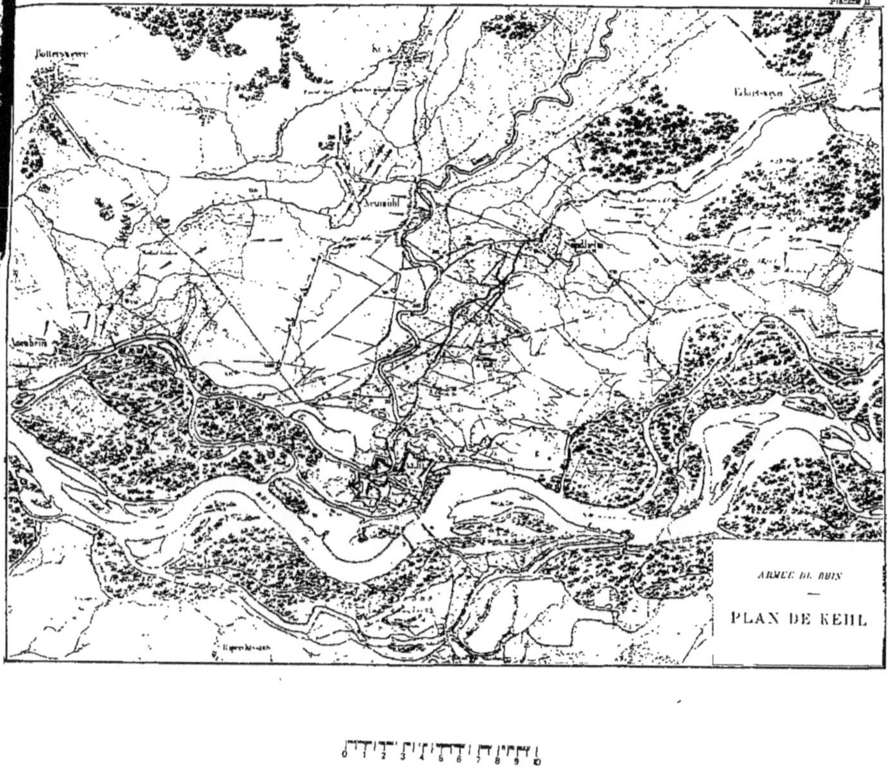
ARMÉE DU RHIN
PLAN DE KEHL

www.ingramcontent.com/pod-product-compliance
Lightning Source LLC
Chambersburg PA
CBHW052348090426

42739CB00011B/2353